誰も教えてくれなかった

超人気研修講師になる法

Business Mentalist　白戸 三四郎

同文舘出版

はじめに

みなさん、こんにちは。本書を手に取っていただき、本当にありがとうございます。早速ですが質問をさせてください。そして、30秒ほど考えてみてください。

「あなたは、どうしてこの本を手に取ったのですか？」

ありがとうございます。もうひとつ質問です。同じく30秒ほど考えてみてください。

「この本を読み終わった後に、どんなことを手に入れられたらいいですか？」

ありがとうございました。本書は、研修講師業に興味がある方やこれから人気企業研修講師として活躍をしたい方に向けて書き下ろしました。

「いつか、講師業で独立起業したい」

あなたも、そんなことを思っている一人かもしれません。

私は今、研修講師という仕事をメインに活動をしています。全国を飛び回って、年間１２０

～150ほどの企業に出向き（リピート率は85％超）、セールスや職場コミュニケーション、上司部下のマネジメントからメンタルに関するものまで、企業の「人」に関する課題解決のための研修をしています。

私の前職は生命保険会社の会社員でしたが、社内講師を経て、講師という仕事の面白さに目覚め、休日になるたびに講師の勉強を重ね、いろいろなご縁とタイミングが重なった結果、2013年の春、20年間お世話になった会社を退職して独立起業をはたすことになりました。

独立当初は、企業を対象とした「研修講師」ではなく、自分で好きなテーマを決めて開催し、人を集めることができる「セミナー講師」として食べていくつもりでした。

「自分の力で素晴らしいセミナーをやれば、お客さんはきっと集まる」

「集まった人達を会員にして、資格を発行してビジネスを大きくしていきたい」

そんな野望と浅い計画と思い上がった気持ちだけで、第二の人生をスタートしてしまった私ですが、当然ながらそれでうまくいくほど、ビジネスは甘くありませんでした。特段、人より秀でた経歴があるわけでもなく、自分と同じようにセミナー講師を志す人が大勢いるうえに、昔と違って情報が簡単に手に入る現代において、まったく無名の私が発信する情報に対するレスポンスは、ほとんどありませんでした。

どんなに面白そうなセミナーを企画しても思うように人が集まらないため、当日まで胃の痛い思いが続き、収益的にも芳しくない状況のまま、半年間ほど経過してしまいました。独立をするとこんなにもお金がかかるのか、と驚くほど毎日恐ろしい勢いで減っていく預金通帳の残高を見るたびに焦りは募り、つくづく会社員のありがたさを痛感することになります。

何とか現状を楽にしようと、集客やWEBマーケティング、ブランディングやSNSの勉強もしましたが状況は好転しませんでした。そんな、先が見えなかった私が、企業から研修講師としての仕事をいただけるようになったおかげで生活が安定し、セミナー開催や出版など好きな仕事にも余裕を持って取り組むことができるようになったのです。

一攫千金を狙うなら、セミナー講師の方が、夢があるかもしれません。しかし、研修講師は、自分の代わりに研修エージェントが営業をしてくれて、企業が集客と会場手配をしてくれます。さらには講師料の回収リスクも低く、リピート率が上がれば将来の見通しが明るくなるといった利点があります。

そして何より、全国で出会える、若手社員、管理職の皆様の、お悩み解決のきっかけとなれる、すばらしい仕事であることを日々実感しています。

私は講師仲間に、

「セミナー講師で悩んでいる人は企業研修をやったらいいのでは？」

と、まるで〝パンがなければケーキを食べればいいのに〟と言わんばかりの軽い口調で言うのですが、知人友人は、

「いやいや、やってみたいけど企業研修なんて無理でしょ……」

「そもそも、企業研修講師ってどうしたらなれるの？」

「セミナー講師よりハードルが高いんじゃないの？」

「企業研修マーケットはむしろ落ち目でしょう？」

という意見や質問をたくさんしてくれました。そのうちの一人から、「そういえば、〝セミナー講師になる本〟はたくさんあるのに、現役研修講師が企業研修講師になる方法について書いた本って少ないですよね」と言われたことをきっかけに、本書の執筆を思い立ちました。実際には研修講師について書かれた良書はたくさんあります。しかし、正直なところ現役の研修講師が「企業研修講師になる本」を出す直接的なメリットはほとんどないのだと思います。「セミナー講師になる本」を出す人には、その本を読んだ方が自分のセミナーに来てくれることがメリットになりますが、研修講師は、自分がいるマーケットにライバル講師を増やすことは、自分の首を絞めることにつながると思っています。自分の研修手法やネタについて真似をされたくないため、見学を断り、動画も出さずセミナーもやらずに情報の開示をしたくない講師がとても多いのです。

では、なぜ研修講師である私がこの本を書こうと思ったのかというと、理由は3つあります。

1つ目は、企業研修業界の質を上げるために競争をもたらしたいからです。研修講師は一匹狼的な活動をして、他の講師と交流をしない方が多くいます。そうなると、自身の講師スキルを磨いたり、時代の変化に合わせてコンテンツをカスタマイズする必要性に気づくことなく、ガラパゴス化してしまう可能性が高くなります。しかも、企業研修は一度企業に入り込めれば比較的、継続的、安定的に使ってもらえることが多いですから、よけいに気づきにくくなります。したがって、より実力のある講師が業界に参入することで競争が生まれ、研修講師のレベルアップがはたされれば、企業や受講生にとってメリットが生まれるのではないかと思うのです。

2つ目は、すばらしいスキルやコンテンツを持っているのに、セミナー講師業で行き詰まっている方に、企業研修という選択肢を知っていただきたいからです。セミナー業界には、まだまだ優れた人材が眠っていますから、研修講師にシフトすることで息を吹き返す人が増えてくれればと思います。

そして、3つ目は何といっても、企業研修という仕事の面白さと素晴らしさをもっとたくさんの人に知ってもらいたいからです。こう書くと偉そうに聞こえてしまうかもしれませんが、ライバルが増えて困る講師というのは、自分のポジションを確立できていないか、この先の時代に対応したコンテンツを生み出せない人だと思うのです。もしそうだとしたら、受講生のためにも早めに市場から退場していただき、より能力の高い講師と代わっていただくのが一番いいのです。

本書には、「一瞬で惹き付ける話し方」や「わかりやすい教え方」などは載っていません。「マーケティングや集客のコツ」についても書かれていません。「初心者でも未経験者でも研修講師になれるのです」などといった、無責任な煽り文句もありません。研修講師がどのような仕事で、どのようにして受注が来るのか、日々どんな日常を送っていて、今後どんな可能性があるのか、といった現状と今後についてできる限りリアルに書いたつもりです。

本書では、「セミナー講師」と「研修講師」を区別して書いています。本書の中で「セミナー」と書いてある場合は、講師が自分で講座を企画し、告知、集客、集金までを行なう、さまざまなスキルを習得する講座全般を指し、「研修」と書く場合は、企業が主催、開催、告知をして社内に周知を図って参加させる「業務上の課題や解決方法について扱われる場」といたします。

今でも、この仕事をしていく中で日々考えることは、「はたして、今後も講師業はなくならずに残っていくのだろうか？」ということです。ＡＩやオンライン技術が進化する未来予測の中、現時点で私が出している結論は「イエス」です。もちろん、楽観視はまったくできませんし、売れる講師とそうでない講師の二極化も進むと思います。研修講師がすばらしくてセミナー講師がダメだということではなく、セミナー講師は企業研修業界に参入し、研修講師はセミナー業界の手法を取り入れ、企業と受講生も含めた四方向にメリットが発生するということが一番だと思います。

本書は、私がもし「研修講師になる方法」をテーマに研修をするとしたらこんな内容でやるだろうか、と考えたことを言語化して書いてみました。企業研修になじみがない人でも、「へー、企業研修という仕事も面白そうだな」「選択肢のひとつに加えてみようかな」、「具体的に行動に移してみようかな」という気持ちになっていただければ幸いに思います。

誰も教えてくれなかった　超人気研修講師になる法　目次

2章 企業研修講師の仕事を知ろう

3章 どうしたら企業研修講師になれるのか

4章

企業研修エージェントを活用する

5章 企業研修コンテンツを作る

6章 ある研修講師の日常

7章

研修講師ビジネスを考える一問一答

装丁／春日井恵実
本文ＤＴＰ／マーリンクレイン

1章

なぜ、今
企業研修なのか？

あなたは今後、どんな生き方をしたいですか？

働き方や生き方に対する価値観が日々変わってきており、社員の人生に寄り添えなくなった企業は副業を推奨し、国も年金の不足を投資で補えと呼びかける時代になりました。現場では、ＡＩ（人工知能）に仕事を奪われるのではないか、という不安の中で働いている人や、仕事とプライベートのバランスを取って生きたいと願う方、一生涯同じ企業にいなくてもいいのではないか、と考え、転職市場に身を投じる人まで、誰もが不安の中を試行錯誤しながら生きています。本章では、そのような時代において研修講師がなぜ必要なのか、企業においてどのような役割をはたすべきなのかなどについて考察していきたいと思います。

企業研修は面白くない

今から12年ほど前になるでしょうか。30代後半に差しかかった私は会社の中で、その他大勢から抜け出したい、何か人の記憶に残る仕事がしたい、このまま定年を迎えたくないなどのもやもやした思いを抱えていました。しかし、実際は入社してから特に、「これだ！　これで食べていこう！」というものが見つからず、何ら具体的な行動を起こすこともなく、ただただ日々の業務をこなしながら過ごしていました。ちなみに私がいた会社は、とても社員教育が熱心な会社でしたが、社内で行なわれる研修は、とにかく退屈なものばかりでした。聞いているうちに、「まだ終わらないのか……」「今日の夜は何を食べようか」といった雑念が次から次へと浮かんできて、時計を見る回数が増えます。頑張って目を開けようとするのですが、ノートにはいつの間にか意味不明の文字が縦横無尽に走り始め、限界を超えた頃、講師が怒り始めるのです。「そこ！　寝るんじゃない！　起きなさい！」と。その時はみんなビクッと起きますが、またしばらくすると下を向く人が増えていきます。当時の私にとっての研修イメージは、「眠い、退屈、骨休み」というものでした。

研修講師に対しても、「いいなあ、これで結構な金額をもらっているんだよな。楽そうだなあ」というのが正直な感想で、その時は将来自分がこの仕事をしているとは夢にも思いませんでした。しかしある時、私のマイナスな研修イメージを見事に打ち砕いてくれる講師と出会うことになるのです。それが、偶然社内で募集をしていた公募型研修の一コマであった「コーチング」という研修なのですが、この出会いが、その後の私の人生を大きく変えることになりました。

価値観が変わり記憶に残った研修

講師業を目指す方なら誰もが必ず、これまでの自分の価値観や常識を打ち破るほど強烈なインパクトと共に「え、何これ！　面白い！」と感じる研修やセミナーの体験をされていることと思います。私の場合、その時社内で新人への教育を行なう仕事をしていたので、何かネタが手に入いればという軽い気持ちで参加した研修で、記憶に残る体験をしました。

研修当日。会場に行くと机がありません。椅子だけがランダムに置いてあり、好きな席に座ってくださいと言われました。そんなレイアウトを経験したことがなかった私は、机無しでどうやって研修をやるんだ?! ととまどいました。私は最後列の椅子に座り様子を見ることにしました。やがて開始時間になり、講師が登壇して自己紹介の後にこんなことを言いました。

「皆さん、今日はこの研修で何を学びたいですか？ 席を動かして、隣の方とペアになって自己紹介と雑談をしてください」

私はキョトンとしました。何を学びたい？ 聞きたいのはこっちだよ。何を教えてくれるの？ そんな思いはあったものの、隣の方に会釈をして、自己紹介から会話が始まりました。わずか数分の間でしたが、盛り上がっているペアもあれば静かに話すペアもいて、講師はニコニコしながらその様子を見ています。私もペア相手に、「白戸さんは今日、何を学びたいですか？」と聞かれたので適当に話し始めました。するとやがて、「あれ、何だこの感覚は？」という気持ちになってきたのです。会話の直前まで意識に上がっていなかった、自分がコーチングという言葉に持っているイメージや、現場でのコミュニケーションの悩みなどを口にして、それまで研修に対して受け身だった気分が徐々に上がってくるのを感じたのです。

私は、この時に初めて「アイスブレイク」というものを経験したのです。アイスブレイクとは、研修やセミナー会場の緊張した空気を和らげるという意味で使われる手法です。研修の冒頭というものは、講師も受講者もお互いに様子を探っているため緊張しています。しかし、緊張したままでは、食べ物がのどを通らないのと同じで、講師の話もなかなか入ってきません。私は受講生の緊張をほぐすには、「しゃべってもらう」ことが一番だということを体感したのです。

その後6時間の丸一日セミナーは、席替えをしながら仲間と交流するなど一瞬たりとも眠くならず、常に会場の中を会話と笑いが飛び交い、にぎやかでメモに書いた情報がとてつもなく多くて、あっという間に時間が過ぎて……と、興奮の中で終了しました。通常は、セミナーが終わると、アンケートを書いた人からどんどん帰ってしまい、早く帰りたい人はアンケートに空欄もしくは一行だけ「参考になりました」と書いて終わりということが多かったのですが、この研修は終わっても、みんななかなか帰りません。受講者同士で連絡先の交換をして、談笑しています。横目で見た他の方のアンケートには文字がビッシリ書かれていました。講師の仕掛けた魔法、それは「アウトプット」が「体感」を通して受講生の心に「変化」をもたらすということでした。実際には違ったかもしれませんが、体感では6時間のうち、4分の3がワークショップだったくらいの印象を持っています。ペアを変え、チームを変え、講師の出すさまざまな問いに答え、ボールやテストを使ったり会場を歩き回ったりと、あまり休むことがない研修でしたが、疲れることなく、「え、もう終わっちゃうの？　もう少し受講したいな」という気持ちになっていました。そして何よりこの研修がきっかけで、私は本格的にコーチングを習いに行くという行動変容が起きてしまったのですから、大変効果の高い研修だったということです。こんなことは、これまでの研修ではあり得なかったことです。今では当たり前になりましたが、インプットの多い一方通行座学型よりも、アウトプットを中心とした双方向参加型の方が眠くならずに、楽しい余韻が続き、仲間意識が醸成され、講師との距離が縮まり、記憶力が強化され、学びが多く、行動が変わるということを初めて知ることができたのです。まさに衝撃の体験でした。

邪道と呼ばれた社内研修

研修終了後、私は名刺交換のため、講師のもとに駆け寄っていました。名刺交換に気さくに応じてくれたその講師は、あるコーチング会社に勤めるSさんという方でした。私はS講師に、「今日はすばらしい体験をさせていただきました。よりくわしいコーチング技術は、どこに行けば身につけられるんですか？」と聞きました。Sさんは笑顔で、「私の会社が講座を開いているから、一度体験に来るといいですよ」と言ってくれました。自宅に帰って早速インターネットで調べて、すぐに体験講座に参加しました。体験講座の内容もすばらしく、終わる頃には会社員の私にとっては決して安くなかった本講座への申込みをしていました。その後1年半のトレーニングを経て、コーチングスキルを習得した私は早速新入社員向けの社内研修で、会場を椅子だけにしてS講師の真似をしながらアウトプット型の双方向研修を試してみたのです。すると、数ある他の研修を押さえて私の研修がダントツ1位のアンケート結果となったのです。これにはうれしい気持ちで一杯になったのですが、仲間の社内講師からはあまりよい評価をもらうことはありませんでした。曰く、「楽しいだけじゃダメだよな」「あんなのは邪道だよ」「机がないからメモが取りづらそう」と言われてしまいました。

社外の研修で評価される

その後も、社内研修で双方向参加型の研修の魅力を訴え続けたのですが、受講生の評価は高かったものの、上司や同僚からは評価されることなく、次の部署に異動をすることになります。

次に配属された先は、金融機関に保険商品を販売していただくホールセラーという業務でした。主な取引先である銀行の支店を訪問し、銀行員と人間関係を作り、自社の保険商品の販売をしていただくという仕事です。そのために、銀行が閉まった後に時間をいただき、商品の勉強会などをさせていただくのですが、ある銀行員から、「国内生保さんの研修はどこも同じですね。まったく面白みがない」と言われてしまいショックを受けます。私は新しい部署に慣れるまでコーチング研修を封印していたため、再び一方通行の退屈な研修に戻っていたのでした。

私は上司に、商品研修ではなく担当銀行の支店でコミュニケーションの研修をしてみたいと提案をしてみたのですが、当時の私では社内ではなじみが薄い双方向型の研修を上手く説明できず却下されてしまいました。

それでも私には、「あのスタイルならきっと受け入れてもらえる」という確信がありました。私は独断で、商品研修とコーチングをＭＩＸした研修を行なうことにしました。すると終了後に銀行員から、「ものすごくおもしろかった」「もっと聞きたい」「また来てほしい」という声をいただくようになったのです。集計したアンケートを読んで、私はこれまでに感じたことのない気持ちを味わっていました。

「この感覚はお金では買えないことだ」「人に変化するきっかけを与えることができる講師という仕事はなんて面白いんだ！」「いつか講師として活躍できたらいいなあ」。

会社でくすぶっていた私が、30半ば過ぎになって新しい夢に出会えたのです。その気持ちはやがて、講師という仕事をもっと究めたい、もっともっと勉強したいという強い気持ちに変わっていきました。

企業研修講師のメリットとデメリット

その後も、金融機関向けの研修業務を5年ほど経験した私は、ご縁あって出版をさせていただいたこともあり、調子に乗って本格的な研修業務を専業で行なう部署を作れないかを上司に掛け合いました。残念ながらと言いますか当然のことなのですが、私のわがままは通らず、その思いを閉じ込めることができなくなった43歳の春に、会社員から講師として再スタートする決心をしたのです。

誰もが知っている知名度の高い企業と収入を捨て、40過ぎで遅めの独立起業をするに当たっては、いろいろな人に「馬鹿な選択をしたな」「失敗すればいいのに」と思われたようです。しかし独立当初こそ苦労したものの、私が講師として起業して6年経った今、選択を後悔することなく過ごせています。

講師になったメリットとしては、

- 収入と時間が増えた
- 普通なら会えないような人とつながることができた
- 自分自身を高める学習の習慣が身についた
- 本を出版できた
- 取材依頼が来た
- 自分を見て、講師を目指したくなったという方が現われた
- コミュニティを作り、仲間を増やせた
- セミナー運営、集客などのノウハウが身についた
- ブランドを確立できた

- 時間をコントロールできるようになった
- 自信がついた
- セルフイメージが高くなった
- ファッションや身につける小物類に気をつけるようになった
- 引き出しが多くなった
- 企業や人から必要とされる喜びを味わえた

というものがありました。一方、この仕事のデメリットもありました。

- 注目されることで、批判もされるようになった
- 意識の温度差が広がり離れていく人も出てきた
- 収入が安定しない
- 細かい部分もすべて一人でやるので作業量が増えた
- 常に新しいコンテンツを作り続けなければならない

といったところです。しかし、この両方を天秤にかけると、講師になるメリットの方が大きく、デメリットも考え方しだいではメリットにできるものが多いため、あのときの自分の選択を褒めてあげたいと思っています。

オワコン化の構造

私の知人が、あるセミナー講師に言われたそうです。

「企業は景気が悪い時は教育費を削るため、今後企業研修マーケットは衰退します」

「今の時代は会社に依存しなくても食べていけるので、今後会社員は減っていきます。だから、企業研修ではなくセミナー講師になりましょう！」

これらの意見に賛同した知人は、私に「企業研修はオワコンだから、これから目指すならセミナー講師だな」と言いました。オワコンとは、「終わっているコンテンツ」の略で、一時は栄えていたもののマーケットで飽きられてしまったり時代に合わなくなったりして需要がなくなり、ユーザーが離れていくことを指すネット用語です。しかし、私に言わせればセミナーこそオワコン化が進んでいるのです。参入障壁が低いため、定年後の進路や転職、独立起業などによってセミナー講師業界に参入してくる人は年々増えているように感じます。ＳＮＳを見ても、講師を養成する講座に通う人や自分でセミナーを開催したりコミュニティを運営した様子や動画を配信する人がかなりの数いらっしゃることがわかります。

仮想通貨や不動産事業などもそうですが、人は「これはイケる！」と思うジャンルを見つけると、どんどん参入していきます。あなたは、こんな経験はありませんか？　高速道路が混んでいるときに、隣の車線が動きだしたので車線変更をしたところ、他の車も同じ考えで動き始めたため、結局空いていた車線が混み始めるといった経験です。これと同じことは、ビジネスでも必ず起きます。無限に上がり続ける相場がないように、どんなビジネスでも多くの人が参入していけば、いずれ終わりはやってきます。

すばらしいスキルがあれば、その資格を取りたい人が集まってきます。人が集まれば、それを見た人達がまた集まってきます。やがて、評判が評判を呼んで大人気セミナーになると、マーケットに同じことができる人が増えるため、今度は差別化ができなくなって、資格を取得した人達のビジネスは苦しくなってきます。

そうなると、また新しい手法やメソッドを探してそこに向かっていくようになります。一発屋と言われる芸人の寿命と同じで、大人気のメソッドほど早く飽きられ、オワコン化していくという宿命を持っているのです。

講師業がもてはやされた時代は、受講者側に情報がなかった時代の話です。情報がないからセミナーに行ったり研修に行ったりするしか、自分のスキルを向上させる手段がなかったのですが、この10年で少しの手間を惜しまなければ、たいていの情報が手に入る時代になりました。検索によって情報が手に入るだけでなく、有名人や著名人がYouTubeライブを無料で配信したり、格安でオンラインサロンを開いたりしています。WEB会議室のZOOMというシステムを使えば、面倒くさいアカウント登録なども必要なく、無料または格安でワークショップに参加できたり録画した講座で復習などもできるようになりました。オンラインで事が足りるジャンルが増えるということは、わざわざオフラインでセミナーに参加したくなるような要素（世に出回っていない技術、知識、講師が有名人など）がないと、人を集めることが難しくなっていくということです。

セミナー業界のオワコン化は、競争の激化とセミナー形態の多様化、そして情報のインフレーションによってもたらされているため、一過性ではなく、構造上の問題として、今後ますますこの傾向は強くなっていくでしょう。

企業研修講師はオワコンなのか

「それならば、企業研修講師はオワコンであるという意見も正しいのではないか？」と言われる方もいると思います。実は研修とセミナーでは、構造も思想もまったく違います。企業研修の終焉を予想される方は、

「企業は収益が下がっているから、研修費用を下げる」

「講師の内製化が進むから外部講師は必要なくなる」

「企業も忙しいから、Zoom とか YouTube とか、Eラーニングとか動画配信とか衛星授業を使って教育をするようになる」と言います。

正直なところ、私もそのような側面はあるだろうとは思います。しかし（ここがセミナーと

研修対象者の一番の違いだと思うが）、わざわざ Zoom に参加したり、YouTube に参加したりする人は意欲やスキルレベルが元々高い人なのです。自分から情報を検索してセミナーに申込み、貪欲に学ぼうとする人にとって、学ぶ機会の多様化は歓迎すべきことなのですが、企業ではそう簡単にいきません。企業研修に行くと、「何でこの忙しいのに、研修なんかに呼ぶんだよ」と文句を言う人や寝ている人、やる気が見られない人がかなりの数いらっしゃいます。この方たちは、能力が低いわけでも仕事に対して後ろ向きな方というわけでもありません。ただ、これまでの経験から、研修に対するイメージが悪く、優先順位が低いだけなのです。

そのような人に、「自発的にEラーニングで勉強してください」などと言っても絶対にしないでしょう。セミナーと違って企業研修では、自発学習に切り替わるまで、ある程度力業のプロセスが必要で、企業と社員という関係性のうえに成り立っていることを理解しないといけません。

だからこそ、研修講師には目の前の受講生の学習意欲を高める継続的な関与によって、心と行動の変化を促していく力が求められます。もちろん、企業研修もテーマによっては、オンラインや内製化で対応できるものは結構ありますから、研修講師が安泰と言っているわけではありません。

たとえば、知識研修や資格対策研修などの座学は、基本的に差別化しにくい内容ですので内製化・オワコン化していくでしょう。その中でも、「この講師の研修なら効果が期待できる」、

「この講師ならうちの組織が変わる」、「この課題を解決してくれるなら呼びたい」という講師になっていくことが、オワコン化を防ぐことになります。

一方で、日本には中小、零細、上場含めて、約380万社の企業が存在しますが、その市場に対して、学びを創れる研修講師は常に不足しています。私は、企業に効果的な学びを提供するためにも、セミナー業界で奮闘している講師に企業研修マーケットに来てほしいのです。

企業研修業界にもっと競争が生まれれば、新しいコンテンツや解決方法が生まれることになり、社員が元気になれば、生産性も上がり、企業に研修の有用性が認識されてオワコン化することなくマーケットを作り続けることができると思っています。

企業研修マーケットの実際

企業研修市場が不景気かどうかは、それぞれの立場によって感じ方が違うと思いますので、主観ではなく客観的なデータで見てみましょう。毎年7月に矢野経済研究所が発表する「企業向け研修サービス市場に関する調査（**表1**）」によれば、企業研修市場は、2008年のリーマンショック後から2011年の東日本大震災後までマイナス成長を続けていましたから、この時点では「景気が悪いときは教育費を削る」という結論はあってもよいかと思います。しかし、その後2012年度からすぐにマーケットは回復し、毎年堅調に成長を続けています。直

表1　企業向け研修サービス市場に関する調査

年度	売上（億円）	前年比（%）	
2017	5,140	101.2	↗
2016	5,080	102.2	↗
2015	4,970	102.3	↗
2014	4,860	101.5	↗
2013	4,790	102.6	↗
2012	4,670	103.3	↗
2011	4,520	97.6	↘
2010	4,630	98.3	↘
2009	4,710	83.5	↘
2008	5,640	98.1	↘
2007	5,750	103.4	↗

矢野経済研究所

近10年間を俯瞰してみれば、細かい上げ下げを繰り返している事実はあるものの、このデータだけでは、企業研修マーケットが衰退していくという結論にはならず、むしろ微増であると言えます。

一方、企業でも衛星中継や動画配信システムを使って研修をすることが増えてきましたが、それらは業務に必要な知識や情報を得るために使うことはあっても、意欲に課題のある人が、コミュニケーションなどのヒューマンスキルを習得するのには不向きです。そして、ヒューマンスキル系の研修は時代の変化とともに企業において、ますます需要が高くなってきていますから、その需要に応えるにはオフラインで学びを創れる研修講師が不可欠となります。

もちろん、そうなると旧態然とした研修しか行なえず、新しい時代に対応できない講師の中には、オワコンと言われても仕方がない人も出てきます。つまり、企業研修がオワコンなのではなく、時代や環境の大きな転換期に対応できない講師やコンテンツがオワコンになっていく、ということなのです。これから研修講師で活躍していこうとする人にとって大切なのは、いかに企業が持っている課題を解決できる講師になるのか？　について考え、自身の技量を向上させ続けることだと思います。

企業教育市場の伸びしろ

「これから会社員は減っていく」という意見もありますが、いくらＡＩが発達して事務作業がなくなったとしても、自由に仕事を選んだり、自宅でネットを使ったビジネスが増える世の中になっても、会社員という生き方を選ぶ人はなくなりません。もちろん、企業での働き方はよりフレキシブルになるとは思いますが、人が組織に所属して、仲間とつながって経済活動を行なうという欲求そのものはなくなりにくいでしょう。

経産省が２０１６年に発表した資料によると、２００１〜２０１４年にかけて、日本の新規開業率は４〜５％を推移しており、「組織を離れてもＰＣさえあればどこでも仕事ができる」と言っている有名人の生き方を真似できる、リスクテイクな生き方を選べる人はまだまだ少ないのです。

現在の日本の出生率は１・０を切っていますから、「新卒入社数―定年退職者数」は、たしかにマイナスになっていきます。ただし、平均寿命が延び、年金支給が遅れるという確実な予

表2 学習・教育市場における比較（2016年度）

企業研修	学習事業・予備校	語学ビジネス	自動車学校
5080億円	9650億円	8406億円	5805億円

visualizing.info調べ

想の下、定年は70歳、75歳へと伸びていくでしょうし、女性の労働市場は大きくなり、かつ海外から日本の技術を学びに来られる人も毎年増えていますから、今度はシニアや女性向け、外国人就労者向けの企業研修が増えていくことになります。

そもそも、企業研修市場は、元々他の教育市場に比べても大きいわけではありませんから、まだまだ成長の伸びしろがあると考えることもできます（**表2**）。

たとえば、２０１６年度は企業研修市場が５０８０億円なのに対して、学習塾・予備校市場は９６５０億円、語学ビジネスの市場規模は８４０６億円あります。若者が自動車に乗らなくなったと言われて、しばらく経つ自動車学校の市場規模ですら５８０５億円あるのです。

では、なぜ教育市場が小さいのかと言うと、日本の企業の9割は中小企業であり、元々教育にお金をかけられない規模の会社が多いということの他に、まだまだＯＪＴ（オンザジョブトレーニング）と内製化で乗り切ろうとする企業が多いからだと推測されます。しかし、最近は契約社員やパートスタッフにも、正社員と同じような福利厚生や教育機会を設ける会社が増えてきたことや、企業における人材育成の必要性が中小企業にも少しずつ浸透してきたこと、ＯＪＴや内製化では対応できない課題を抱える企業が増えてきたことなどの理由によって、どうしても企業の人材育成の専門家の力が必要となってきていることも、またたしかなことなのです。

世代交代期に入った企業研修講師

他にも、今から企業研修マーケットに参入した方がよいと思われる理由があります。それが、「講師の世代交代期に入ったから」というものです。企業研修は、１９８０年代から大きくなり、その頃30代～40代で活躍された先輩講師のみなさんが、さすがに引退の時期を迎えます。講師という仕事は何歳になってもできるので、70代、80代になっても全国を飛び回られている方も結構な数いらっしゃいます。

しかしながら、叱られるのを覚悟で書けば、現場は講師の若返りを願っています。時代も変われば、課題も変わります。課題が変われば解決手段も多様化していきます。そういった変化に柔軟に対応できるのは、今の時代を現役で生きる講師であるというニーズが生まれるのは当然です。

私がお邪魔している企業に聞いても、今最も使いたい講師の年齢層に関しては40代～50代という回答を得ていますし、研修エージェントにしても、お身体や移動の心配が少なく、なるべくクセやアクの強い俺様的な講師ではなく、一緒に企業のお悩みを考えてくれる、使いやすい講師の方に仕事を依頼したいでしょう。

企業研修マーケットを築き、支えていただいた先輩講師のみなさまには感謝しかありませんが、ここに来て一気に世代交代が進む可能性が高いのであれば、今研修講師になる準備をしておくことは、この先に不安を感じるセミナー講師のみなさんにとっても、ひとつの選択肢ではないかと思うのです。

多くのセミナー講師は食べていけない

どんな業界にも言えることですが、あるマーケットに参入している全員が食べていける仕事は存在しません。どうしても格差は生じるし、常に新陳代謝も行なわれます。研修講師も、人気講師と依頼が来ない講師の差は今後も大きくなっていくでしょう。しかし、研修講師以上に食べていけない人が多いと感じるのはセミナー業界です。セミナー業界は参入障壁が低いため、講座でスキルを学んだだけの人が、セミナー講師を名乗って講座を始めていきます。すると、受講料はどんどん安くなり、集客もできずに夢破れていくという現実にぶつかってしまいます。

ちなみに、日本人の全年齢の給与所得者の平均年収は約420万円ですが、この金額をセミナーで稼ごうとしたら、どのくらいの集客が必要なのかを見てみましょう。420万円を12ヶ月で割ると月に35万円です。

これを、受講料1万円のセミナーで稼ぐ場合は毎月35人の集客をすれば目標達成ですが、そこから経費を引かなければなりません。東京都内であれば、会場代は安いところでも1日5万円〜10万円はかかります。交通費やレジュメの印刷代（紙代、インク代）もかかるし、受付は仲間に無料でやってもらうとしても、交通費や昼食はごちそうしたいところです。

そうなると、毎月40名〜50名の集客が必要ですが、これは現実的に不可能に近い数字です。そもそも、1万円の受講料は高い部類に入りますから、受講料を単純に半分に下げると受講生を100人以上集めないと、利益としての35万円を達成することはできなくなります。

これが、生活がかかっていない精神的に余裕がある中で、集客に2，3ヶ月かけて数ヶ月に1度単発でセミナーを行なうなど、趣味の範囲で行なうなら可能かもしれませんが、毎月セミナーだけで満足のいく収入を得ようとすると厳しいと言わざるを得ません。

そこで、有名セミナー講師の多くは「バックエンド」と呼ばれる、数十万円する高額講座や商材、教材などを販売することで収入を得ることをします。たとえば、無料のセミナーで10人集めて、そのうち2人に20万円の教材が売れれば目標は達成できます。100人を集客するセミナーを毎月やるより、10人の集客をする方が楽ですが、それでもよほど希少価値の高いテーマか、人の心を動かす煽り文句を使うか、ものすごい人脈を持っているか著書が売れている有名人になるとか、ツイッターのフォロワーが万人単位でいるなどがない限り、今後も継続していくのは難しいでしょう。その努力をしていくのであれば、研修講師としての技量を上げていく方に時間と労力を使った方が近道ではないかと思うのです。

あなたは、1章を読んでどんな学びがありましたか？

1章の学び

企業研修マーケットは今後も存在する

セミナー講師は、企業研修講師という生き方も選択肢に入れよう

2章

企業研修講師の仕事を知ろう

1章では「講師業」全般が、学習方法が多様化していく中でオワコン化していく傾向にありながら、企業研修というジャンルにおいてはまだ需要や市場に伸び代があり、世代交代の波に乗れば戦略しだいでは生き残っていける可能性があることをお話ししました。2章では、研修講師とは何をする人なのか、どんなスキルが必要で、どんな研修テーマを扱っているのかなどについてお話しをさせていただきます。

セミナーと研修の違い

この2つの定義については諸説ありますが、語源で言えば、セミナーはゼミナールという言葉が元になっており「専門性の高い授業を少人数で行なう形態」という意味があります。なので、人に何かを教えるのならば、研修や勉強会、講演などもすべて「セミナー」に含めても差し支えないということは言えそうです。

しかし、本書ではわかりやすくするために「セミナー」は講師や団体が主催し、受講者がお金を払って自発的に参加する学びの場、「研修」は企業が主催し、業務の一環として社員を集めて行なわれる課題解決を目的とした場、という意味で書いていきます（**表3**）。

セミナーは時間やテーマ、定員や場所、受講料などを主催者が自由に決めることができますが、研修は企業の要望や予算の中で動くので、講師の思い通りにならない場合が多いです。

表3 セミナーと研修のちがい

	セミナー	研修
主催者	講師、各種団体	企業、研修エージェント
目的	個人の学び、 個人のスキルアップ 個人の課題解決	業務上の課題解決
受講生	不特定多数	主に社員
参加意欲	高い、自発的参加	総じて低い、半ば強制参加

人気のセミナーを開催している講師の中には、企業研修に参入したものの、リピートにつながらずうまくいかないことが多いという話も聞きます。その場合は、企業研修の目的（ゴール）が、セミナーのように「教える」ことでも「伝える」ことでもないということに気がつかず、対応できていない可能性があるので、次項でご説明をしていきます。

企業研修講師のゴール

そもそも、「講師」とは何をする人のことを言うのでしょうか。「教師」とどう違うのでしょうか。講師を、英語ではインストラクターまたはトレーナーと呼びます。教師はティーチャーです。辞書を引くと、インストラクターは「教育をする人」、トレーナーは「訓練をする人」とあり、教師は「学業を教える人」とありました。セミナーは主に「教える」「伝える」ことに重きを置いている方が多いのですが、これは、セミナーが不特定多数の受講生を相手にしているため、ゴールにバラつきが生じてしまっていることに起因します。セミナー参加者は、自分で大金を払って時間を使って参加しているのでとても意欲的、前向きな方が多いのでなかには情報やスキルや考え方を手に入れ、自分に応用し、行動を起こせる方も出てきます。そうなるとセミナー講師は、「ああ、このやり方で間違いない」と思うようになり、「もっとわかりやすく教える方法」、「効果的に伝える技術」、「より楽しく学べる演出」などを身につけることが大切だと誤解する人が出てきます。

一方、企業研修には、参加意欲が低い人もいれば、業務であることを意識して何かを持ち帰ろうとする人などが混在しています。その中で、わざわざ企業が時間とコストをかけて研修会場に人を集めるのには理由があります。それは、「課題が解決できた」「現場で実践できた」「使ってみたら成果が上がった」「離職を思いとどまった」などの、**企業の発展と継続によい影響を与える人材を増やす**という理由です。

したがって、いくら教える技術に優れていても、効果的に伝えるしゃべりができても、講師のキャラクターで楽しい講義を行なっても、それらは研修の一要素に過ぎず、研修の目的である「現場で結果を出す」ための学びを創る方法や組み立て方を知らないと、企業から呼ばれる講師にはなれないのです。

企業研修の参加者の特徴

効果的な研修を行なうためには、研修に参加する受講生の想いを知っておく必要があります。前述したように、「セミナー」には意欲的な人が来るのですが、「研修」には意欲的な人はあまり参加をしません。大きく分けると、研修には次の3つのような方々が参加されます。

❶研修を楽しみにしていた（同期に会える、息抜きできる、が主）
❷楽しみでもイヤでもなく、仕事だから参加している（どちらかと言えば否定的）
❸忙しくて出たくないのに強制参加させられて、マイナスな気持ちで座っている

といった3つの層です。最も多いのは②だと思います。次いで①、あからさまに③の態度を取る方は少数ですが、態度が目立つので講師のメンタルには少なからず影響を与えます。

そして知っておくべきは、この3つのどこにいても、受講生というものは研修に対して共通の心配や不安を抱えているものだということです。

たとえば、

- 発表させられるのかな
- 指されたら嫌だな
- 間違えたり恥をかきたくないな
- 早く終わらないかな

• 知らない人と交流するのは面倒くさいな
• 講師の正面には座りたくないな
講師は、このような受講生の心を理解した上でゴールに向かって研修を組み立てていく力が求められます。

研修講師が考えるべきゴール　その①「学習効果」

企業研修を行なう上で、講師がゴールとして考えるべきことは大きく2つあります。それが「**学習効果**」と「**研修転移**」です。「学習効果」とは、研修という限られた空間と時間の中で多くの情報を咀嚼し、自分事としてとらえさせ、研修終了後も取り入れた情報や自らの気づきを長く記憶してもらうことを言います。

研修中の講師の発言や行動、場づくりや進め方はすべて、「受講生の学習効果を高める」ことに使われなければなりません。効果の高い学習を作り出すにはさまざまな方法が考えられますが、具体的には以下のようなことをします。

❶ 受講生のめざすゴールや研修目的、グランドルールを共有する
❷ 受講生のすでに持っている知識や体験を引き出して学びに変える
❸ 受講生が自発的に考え、意見を言える進行を行なう（一方通行禁止）

❹ 自然発生的な楽しさを引き出す（記憶に残る興味やインパクト、共感、感心、を作る）
❺ 課題を解決するための手段方法の引き出しを増やす

この後、一つずつ見ていきましょう。

厳しい講師は学習効果が高いのか？

過去に「うちは、厳しい講師を求めているんですよ」と企業に言われたことがあります。では、「厳しい」とはいったいどういうことを指しているのでしょうか。もし講師が怖い顔をして、マナーや態度の悪い受講生を叱ったり怒鳴ったりすることを厳しいと言うのであれば、私は聞きたいです。「その方法は学習効果が高いのですか？」と。

食事でも何でもそうですが、過度な緊張やイライラはパフォーマンスを下げます。ある研修会場では、人間関係ができていない講師から受講態度を注意され、それを不服としたら今度は怒鳴られた挙げ句、研修会場から飛び出してしまった受講生がいたそうです。実はこれ、企業研修においてはあるある話なのですが、そんなことになって、双方に何か得るものはあるのでしょうか？　よく、寝ている受講生に対して「寝るな！」と叱る講師がいますが、そもそも、受講生を寝かせているのは、講師のつまらない話や進行のせいですから、寝ないで受講している人の意欲まで下げてしまう愚かな行為です。

いずれにしても、企業が社員に厳しくすることができなくなったからといって、1日しか一緒にいない外部講師に厳しく指導をさせようという趣旨は改めた方がよいと私は思います。講師や研修担当者が、表面的に言うことを聞く「良い子」を作りたければ、短期的には恐怖を使うのもアリかもしれませんが、学習効果を考えた場合、講師が受講生に厳しく（怖く）接することは百害あって一利なしなのです。

❶受講生のめざすゴールや研修目的、グランドルールを共有する
——研修は否定されない安心の場

効果的な学習のためには、厳しいことではなく、受講生が安心して研修を受講できる場づくりを行なうことが大切です。

研修にはさまざまな意欲の方が来られますから、なぜこの研修が必要だったのか、どんな課題があるのか、この時間が終わったらどうなってもらいたいのか、などを冒頭で伝える必要があります。伝える目的は「共感」と「リラックス」です。研修に否定的な方でも、「まあ、そうだよね」「この講師はわかっているな」という気持ちになれば、徐々に協力的になってくれます。物事にはいろいろな答えがあるにもかかわらず、講師が断定的な「正解」を受講生に押しつけようとすれば、心理的に反発され、研修はうまく回らなくなります。

グランドルールというのは、研修を運営するうえでの共通ルールを言います。よくあるのが、

「携帯電話はマナーモードに」や「気分が悪くなったら講師に言ってください」などですが、他にも「仲間の意見は尊重して、否定をしないでください」「相手の発言には拍手をしましょう」といったお約束なども、グランドルールになります。私のグランドルールは、企業や会場のルールを守ったうえで、学習効果を考えてこんなことを言っています。

- 職場から電話が掛かってきたらそちらを優先して下さい（電話が気がかりのままでは身が入らないのでスッキリして下さい）
- 体調不良やお電話で外に出る時は講師に断らなくて結構です（講師に断ると研修が中断する）
- 眠いときは遠慮無く伸びやあくびをして下さい
- おトイレが近くなった方は休憩時間を待たずに行ってきて下さい
- 講師はみなさんのどんな意見も絶対に否定をせずに受け止めますのでご安心下さい

グランドルールの考え方はさまざまです。講師がしてほしくないことを言う人もいれば、何も設定しない人もいます。しかし、受講生の学習環境を守り、場を乱す人を作らないためにも、「どんなルールなら学習効果に資するものになるだろうか」と考えて作って下さい。

❷ 受講生がすでに持っている知識や体験を引き出して活用する
――1から教えようとしない

1960年代に、アメリカの教育理論家であるマルカム・ノールズが、「**成人学習理論**」というものを唱えました。これは、「**社会人は、誰もが自身の経験や体験、知識の上に自己を築いており、それらは学習するうえで資源になり得る**」という考えですが、まさに研修は知識系の座学研修でない限り、何らかの体験や知識を受講生が持っている前提で進めることが大切です。子供と大人では、学習への概念や取り組み方がまったく違うということを知れば、研修においてどんなことをしていけばいいのかが見えてきます。

すなわち、企業研修においてはすでに知っているであろう知識や情報を延々と聞かされることは、学習効果に寄与しない。

たとえば、「リーダーシップ」であれば、講師が先に「リーダーシップというものは……ということです」という説明を長々とするのではなく、受講者同士で「みなさんが知っている、人がついてくるリーダーはどんな発言や行動をしていますか?」といった質問を投げかけてディスカッションを行ないます。

受講生や講師の体験や知識を互いにシェアし、その中から学びを得るというのが成人学習ですから、研修講師は受講生のリソース（資源）を引き出して再び会場に投げ返し、考えさせてまとめることが、学習効果を高めるひとつの方法になります。

❸受講生が自発的に考え、意見を言える進行を行なう――「双方向」の誤解

ここ数年は、学習効果が高いスタイルとして「双方向参加型」研修の需要が増えています。従来の一方通行で講師の情報や知識を伝えるスタイルは、受講生の意欲を失わせ、脳のパフォーマンスを落とし、学習効果が低くなることが指摘されています。人の集中力は、長くて15分と言われているため、最低でも10分に一回はワークを入れたり、講師が質問することによって受講生の集中力を取り戻す必要があります。そこで、「双方向参加型」の研修とは何か？について考えてみたいと思います。

私の講師仲間にも、双方向参加型を持ち味にしている人は大勢います。少し前なら双方向参加型研修というのは珍しかったので、ひとつの売りにはなりましたが、最近は差別化の要素にはなりにくくなっています。しかしなかには、「なんちゃって双方向」「なんちゃって参加型」の講師もいるので、この手法を理解して企業に説明することができれば、企業や研修エージェントから一目置かれる講師になれるかもしれません。

まず、「双方向」ですが、これは誰と誰が双方向になっているのでしょうか？　講師が受講生を指して質問し、受講生に答えを言わせていることを双方向と言っていないでしょうか。それはただの質疑応答です。

双方向型の研修とは、講師だけが質問をするのではなく時には受講生からの質問を引き出したりそれを会場に投げ返したりもします。受講生の発言によって新たな発見や気づきがあれば、

それを講師がシェアすることも言います。

他にも、「クイズを出す」ということをした場合、講師が問題を出して受講生が考えさせる場合は、「講師対受講生」の双方向が生まれ、「隣の人と一緒に考えましょう」という一言があれば、「受講生対受講生」に双方向な対話が生まれます。さらに、クイズと本題になつながりを持たせるという双方向もあります。クイズが本題につながるとは、たとえば、受講生全体に向けてある物語を話し（営業の経験談など）、物語のある場面で「さて、この後お客様に断られた私は再びお客様から承諾をいただくことができました。私はいったいどんな言葉を投げたと思いますか？」といった質問をして、受講生同士でディスカッションをさせるのです。

これなら、後でこの物語に含まれる私の言動が、営業スキルとして身につけてほしいメソッドだったことにつなげることができ、講師と受講生、受講生と受講生、クイズと本題という3つの双方向が生まれます。

❹ 自然発生的な楽しさを引き出す（興味やインパクトを残す）——参加型から「参加体感型」に

研修講師の多くは、「参加型」をワークやゲーム、ディスカッションに参加させることという認識を持っていますが、本当の参加型というのは、**「講師が意図するワークやディスカッションなどをきっかけに、受講生が自発的、主体的に研修に参加を始める状態を作ること」**を言います。

たとえば、講師が受講生全体に向けて「はい、質問がある人！」と聞いて誰も手が上がらなかったら、それは双方向でも参加型でもなくなっているということですが、それを手が上がらないからと言って誰かを指して答えさせるのであれば「強制参加」は生まれますが「自発参加」は生まれていないということです。

正しい参加型とは、受講生が自発的にメモを取り始めた、最初は大人しかった受講生が、言われなくても新しい仲間と自己紹介などを始めた、休み時間に自分から質問をしに講師の元にやって来た、知らない人同士だったのが、仲間を作る行動を自発的に始めた、初めは後ろの方に座っていた受講生が、席替え後に講師の前に座り始めたなど、受講生が研修という場に自らを投じることを言います。

セミナーだと、お金を払って自分で参加を決めている受講生を相手にするので、自発参加型にするのは比較的容易です。セミナー講師が、企業研修をする時に苛立ってしまい進行がうまくいかなくなる理由は、会場を自発参加型に巻き込む習慣がないからだというのも、要因のひとつだと思います。

「研修への自発参加」を促す方法として、安心感のある場や肯定感を高めてくれる講師の言動や振る舞い、ディスカッションによるアウトプットやチーム対抗戦などのワークショップによって、競争意識や学習意欲を高めていくなどの仕掛けが必要です。

それに加えて、研修テーマに沿った感覚や感情を体感させることで、より研修の場にのめり込んでいかせることが可能になります。具体的には、研修テーマが「お客様の心をつかむ営業」だとするならば、実際に講師が受講生の心をつかむ体感をさせるということです。私は、自己紹介や質問、ツカミなどで興味を作り出し、研修の冒頭で講師と研修内容に興味を持ってもらうことをします。そこに楽しさや感動、共感や驚きといった感情や仲間意識を作り出すことで「心をつかむとはどういうことか?」というものを体感していただきます。心理学の研修なら心理を動かされる体感、マナー研修なら講師のマナーや所作によって心地よい空気が作られる体感、コーチングなら自分の考えがどんどん引き出される体感をさせることができれば、受講生はそのスキルを現場で役立たせようとする行動に出る確率が高くなります。

強制的な参加ではなく、自発的な参加とそこに生じる感情や感覚などを体感してもらうことができる講師は、学習効果の高い研修ができるでしょう。

❺課題を解決するための引き出しを増やす——講師は正解を提示しない

企業研修は、「正解を教える」ための場ではありません。現場ごとに違うさまざまな環境や課題に対して、仲間や上司の力を借りながら、自分自身でよりベターな解決策を見つけるための考え方やモノの見方を手に入れる場です。なので、講師はひとつの課題に「こうしてください」「これをやってください」と言うのではなく、

「この課題に関して、みなさんだったらどんな取り組みをしますか？」

「この場合、みなさんならどんな言葉がけをしますか？」

「私はこう考えますが、みなさんはどう思いますか？」

「他にもありますか？」

という問いを投げかけ、受講生が考えて出した答えは否定せずに受け止め、再び会場全体に問いを投げかけるなどして、さらによいディスカッションができる空間作りを演出します。

研修講師が考えるべきゴール　その②「研修転移」

「研修転移」とは、研修終了後に「**研修で学んだことを現場で実践したり、行動に移すことで変化が起き、その状態が習慣化される**」ということを言います。

「なぜ、研修で習ったこと、学んだことを現場で活かせないのか？」

「どうしたら、研修で身につけたことを現場で実践するようになるのか？」

という命題は、研修講師なら誰もが一度はぶつかり、悩んだことがあるはずです。

「研修転移」という考えが身についていない講師は、「今日の研修で習ったことを明日からひとつでもいいので実践してください」と言ったり、研修担当者も「楽しいだけで終わることなく、現場に帰って実践してください」などと言うのですが、人は「●●しなさい」と言われると、「リアクタンス」と言われる心理的反発が湧き起こり意欲が減退するため、行動に移す可能性はむしろ下がります。もし研修の終わりに何か言うのなら、

「今日習ったことの中で、明日から何から始めますか？」

「今日の研修の中で持ち帰れるものを1つ挙げるとしたらそれは何ですか？」

という問いかけによるアウトプットで、自分への宣言をさせた方が効果的です。

そもそも、なぜオンラインやDVD、e-ラーニングなどが発達する現代において、わざわざ時間とコストをかけて、オフラインで受講生を集めてまで学ばせる、「研修」というものが存在するのか？　という企業研修の存在意義にまで関わる本質的な問いに対して、私たち講師は答えられなければなりません。

「**よい集合研修は、学習効果を高め、現場で実践されることで、組織によい影響を与える人材を育成できる方法のひとつである**」という答えを自信を持って示すことができなかったら、企業研修は無用の長物、企業のお荷物としてやがて消えていくでしょう。

前述しましたが、セミナーのように意欲的な受講生であれば、オンラインで学んだとしても、自ら研修転移を起こしていくでしょう。しかし意欲的ではない方が多く、しかも学ぶことがゴールではない「研修」は、現場に戻ってから実践されて、初めて意味が生まれる学習方法です。研修を受けた受講生が習ったことを現場で実践するにはいくつもの環境的、心理的要因をクリアしてハードルを超える必要があるので、代表的な研修転移の方法を4つご紹介います。

❶ 上司を巻き込む

若手の研修で、「今日は上司に何と言って送り出されましたか?」と聞くと、「ちゃんと勉強をして来いよ」とか「お前が研修を受けている時間は、他の人がお前の仕事をしてくれていることを忘れるなよ」などの激励(?)を受けてくる人もいれば、「あっ、今日研修だっけ?」「え、何の研修だったっけ?」と言われる受講生もいます。

また、研修が終わって喜んで帰った受講生のその後を聞くと、「研修で習ったお客様とのコミュニケーションを実践しようとすると、上司が〝そんなまどろっこしいことをしないで、さっさと数字を持ってこい!〟と言うんです」といった声が聞こえてきます。研修転移の最大の障壁は、上司だという教育学者もいます。残念ながら、上司の中には未だに「研修は時間の無駄」「研修は息抜き」「研修で遊んできたんだから仕事をしろ」などと言う人がいます。今の管理職層が、若手の頃に受けた研修のイメージがあまりよくないということも理由のひとつかもしれません。

企業の研修担当者と事前打ち合わせをする機会があったら、ぜひ上司に研修の意義やカリキュラム内容について共有いただき、研修終了後にどんな面談や取り組みをするのか?を会社全体で考えてほしいとお願いをしてください。研修転移のカギの多くは、上司が握っているのです。

❷ インターバル

単発の研修で終わることなく、数ヶ月後にも同じメンバーに集まってもらい、1回目の研修時に設定した課題を現場で実践していただき、その結果を2回目に持ち寄って、振り返りや次回への修正案などを話し合っていただく方法です。人の脳は、新しいことを学んでそれを習得するまでに、数週間から数ヶ月かかると言われています。食事をしてもすぐに背が伸びないのと同じで、学習内容が身体や脳になじむまでは一定の期間が必要です。インターバル研修は、初回が成功すれば2回目への意欲も高まり、実践する課題も付与できるなど、学習効果という点でも高い効果が期待できます。

❸ アクションラーニング

アクションラーニングは、20世紀初めに活躍した哲学者ジョン・デューイが、「これからは学問中心ではなく、社会や実生活との関連を重視した教育が行なわれるべきだ」と唱えたことで研究が進んだ考え方です。職場では、個人の力だけでは解決困難な問題が発生した場合、チームとして問題に取り組むアプローチが重要になります。力強い組織であるほど、個人の力を高めるだけでなく、チームや組織全体が学習に取り組んでいる傾向があります。

アクションラーニングを研修で行なう時は、内容をより実践に近いものにして、個人の力ではなくチームや仲間と一緒に解決をしていく仕立てにするということです。

たとえば、階層に分けず上司と部下を一緒に研修させて意見交換させたり、実際に現場で起きている事例を題材にして、できる限り受講生にとってリアルにイメージできる内容でロールプレイングを行い、そのうえでチームで解決に導くための意見交換やアイデアの発表などを行っていくことが学習効果を高め、研修転移を発生させるということです。

❹ リマインド

リマインドは、研修内容の予習復習をすることです。研修が終わるとアンケートを書きますが、アンケートはできるだけ研修内容をアウトプットさせるものになっていることが望ましいです。しかし、企業によっては研修や講師を5段階で評価させたり、よかったか悪かったかだけを書かせてしまうアンケートも存在します。研修で何を学んで、明日からどんな行動を取って、今後どんな成果を出したいかを書かせるアンケートにしていただけるよう、われわれ講師も働きかけなければならないのです。

「今日の学びを、明日からどんなことに活かしますか？」

といったアウトプットをさせるだけでも、研修転移に効果的です。さらには、研修終わりの「復習」だけではなく、研修前の「予習」も効果があるとされています。たとえば、研修の概要や学習ポイントを予告することで研修に対する期待感が高まれば、それだけ意欲的に参加することになるので学習効果が上がりますから、研修転移も起きやすくなります。

盛り上がった＝よい研修ではない

セミナー講師を経験された方の中には、とにかく楽しいワークやクイズやゲームを取り入れて会場を歓声で満たせば、よい研修になったと思われる方もいらっしゃいます。デビュー間もない頃の私がそうでした。研修が盛り上がることは、もちろん悪いことではありません。楽しく受講することは間違いなく学習効果向上に寄与します。しかし、それ以上に大切なのは、研修転移を起こせるかどうかです。研修転移につながる学習効果が高い研修は、次のような段階を踏んでいくと言われています。

❶ 反応（面白い！　楽しい！）
❷ 学習（ためになった！　記憶に残った！）
❸ 行動（具体的に何をするかがわかった！　自分にもできる！）
❹ 成果、変化（実際に研修前と後で変化が起きた！　やってみたら成果につながった！）

盛り上がる研修というのは、❶もしくは❷の段階を言います。そこから、どうしたら❸、❹になるのかを追求するのが、研修講師という仕事の醍醐味と言えるでしょう。研修転移をさせる方法はいくつかご紹介しましたが、研修転移の障壁となるものは、

❶ 職場に戻っても環境的に実践できない
❷ 上司の無理解

❸ 一般論で終了（習ったことを現場に当てはめられない）

の3つと言われています。研修では、「これならできそう！」「明日からやってみたい！」と思わせたのに、現場に戻るとリバウンドしてしまって研修前と何ら変わることがない日常に戻ることが頻繁に起きるのであれば、研修というものはいずれなくなってしまうかもしれません。企業研修講師には、企業との連携を密にしながら研修転移を起こしていくためのアプローチを研究していくことも求められます。

研修講師が持っていたほうがよいスキルや経験

ここまで読まれた方の中には「難しい。自分にはとても企業研修はできない」と思われた方もいらっしゃるかもしれません。企業研修に求められるゴールは、なかなか実現まで大変なことが多いのはたしかですが、それだけにやりがいがあり、自分の能力も上げていくことができる仕事でもあります。

繰り返しになりますが、企業研修のゴールは「学ぶことではなく、実践されて成果を上げる」ことなので、講師の経験やスキルは多いに越したことはありません。では、研修講師を目指す方が持っていたほうがよい経験やスキルや考え方はどんなことが挙げられるでしょうか。

もちろん、これらをすべて持っていなくても大丈夫ですが、私には振り返ってみてこの経験やスキルは今も役に立っていて、自分の土台となっていると思うことが6つあるのでご紹介します。

❶ 営業経験

前職が生命保険会社だったので、自分で営業をすることもそうですが、現場で営業職員の悩みや喜びを体感できたこと、お客様の心を動かす手法や会話を、この時に研究できたことなどは大きな財産となっています。営業職員の育成や教育にも携わることができたので、営業初心者がどのようにして成長をしていくのかなどを試行錯誤したことが、後にオリジナルコンテンツを作る土台になりました。

お客様と人間関係を作り、納得していただくための論理とお客様の心を動かす行動や会話のエッセンスが学べる営業職は、研修講師になれる可能性が高い職種です。

❷ 出版経験

これまでの営業経験を、言葉にして再現性のあるコンテンツに落とし込むことができたのは、商業出版という機会をいただけたことも要因のひとつだと思っています。初めて出版をするときは、なかなか筆が進まず、たいへん苦しい経験をしました。講師という仕事は、自分の体験や知識や考えを言語化できないといけません。どういう順番で話をしていけばわかりやすく受講生に届くのかということを考える力は、出版を通じて学ばせていただきました。あなたが実際に出版する、しないは別として、自分の体験や考えを一度文章に起こして読み上げてみるということは、ぜひやっていただきたいと思います。しかし、今はビジネス書があまり売れなくなってきているので商業出版のチャンスも減ってきています。ここ数年の間に、商業出版にチャレンジしておきましょう。

❸ 心理学

誰もが人生の中で、恋愛であれ、交友関係であれ人の心の移り変わりに悩まされたり、人の心が変わることで助けられたこともあったのではないでしょうか。私も、さまざまな人間関係の失敗を体験したことから、人の心って不思議だ、面白い！　という好奇心が湧き心理学を学ぶようになりました。

また、脳研究や心理学に関連する本を大量に読むことで自分の体験を言語化したり、メソッドのエビデンス（根拠）を見つけることなどができたので、単なる主観や精神論で終わらせることがなくなったことは収穫でした。特に行動心理学については、人がどのような言葉や関わりによって動くのかを知ることができたので、ヒューマンスキル系の研修では大いに使わせてもらっています。

ただ、一方で脳研究の世界は心理学よりも発展が速く、常に常識が変わるため、扱いには注意が必要です。たとえば、右脳（イメージ）・左脳（言語）といった区分けに意味はなく、今では部位ごとの区別ではなく、脳は全体でひとつとして機能していることがわかっています。講師として、古い知識のままでいることなく、何が正しくて何が間違っているのかを知るための学習は、常に行なっておく必要があります。

❹ ファシリテーションスキル（コーチング）

ファシリテーション力とコーチング力は同じではありませんが、大きく重なる部分がありま す。私が研修講師を目指すきっかけとなったコーチング研修の受講体験は、その後の私の研修に大きな影響を残しました。1対1の対話スキルもそうですが、何より役立っているのは、その場で質問を作り出す力です。受講生と対話をしながら、相手の気づきを得るための問いを作り、出てきた意見をまとめたり、さらに新しい問いを作り出して会場に投げかけるファシリテーション力を習得する土台になったのが、コーチングをやっていてよかった理由です。研修では、受講生と対話する中で話を聞き、考えさせ、ときには、自分で自分の課題に解決策を見つけてもらうこともしますので、その場で質問をつくりあげることが求められます。質問力のない講師は学びを創ることができないでしょう。

❺ 講師養成講座への参加

世の中には、講師になるための力をつけてくれる講座がたくさんあります。ただし、講座や講師、コミュニティの質に関しては玉石混淆のため、どれを選ぶかはご自分の好みの部分が大きいと思います。私はある講座に参加して、セミナー運営や受講生を惹き付けるツカミの重要性、そしてワークショップの知識や引き出しを増やすことができました。

また、プロ講師のコンテンツ構成力やツカミ、ファシリテーション力などを体感し、自分の中に取り込むことができたので、プロ講師の元で一度学んでみることは絶対に損にはならないと思っています。また、講師として独立をすると孤独になりがちですが、私はここで学んだ仲間との交流が、今の自分を助けてくれているので、異業種や講師仲間を作っておくためにも役立つと思います。

❻ コンサルティング力

会社員時代に、企業の社長とお話ししたりお客様の課題を発見し、解決に導くソリューションを経験できたことも役に立っています。

たとえば、研修の依頼を受けたときに通常の研修講師だと、受講生の属性的に不足しているスキルや知識などを与えようとするなどの「不足を埋めるため」のコンテンツを作ってしまいがちですが、私は企業ごとの課題について深堀をし、どのような「問い」を作れば、受講生の中に引き出しが増えて学習効果が高まり、自発的な解決行動の後押しができるのだろうか？という発想からコンテンツを作ることができるようになったので、企業やエージェントに信頼されて競争力が生まれる原動力となりました。

テーマの変遷

この20年の間に、企業が求める研修テーマもずいぶんと傾向が変わってきました。私が新入社員だった1990年代前半は、コミュニケーションなどのヒューマンスキル研修よりも、業務知識や資格試験対策研修が圧倒的に多かったように記憶しています。

それが2000年代に入ると、コミュニケーションやロジカルシンキング、チームワーク、リーダーシップなど、社員個々人のスキルアップを図るテーマが増えていき、やがてコーチングやメンタルヘルス、レジリエンス（逆境力）など心理的な課題を解決するテーマが増えていきました。

もちろん、知識研修やここに書いていないテーマもまだまだ需要はあるのですが、私の実感、そしてエージェントや講師仲間の話の中から、これから需要が高くなると思われるテーマを5つ書いておきます。

❶コミュニケーション全般

今後もやはり増えていくのは、コミュニケーションスキルだと思います。少し前まで、企業に行くと管理職のみなさんは、「最近の若手のコミュニケーション力は低いよね」という意見が多く聞かれました。

しかし、最近はそれに加えて、「今の若手を動かすために、われわれはどんなコミュニケーションを取ればいいのかな」という課題を持つ管理職が増えてきたのです。これは大変よい傾向です。お客様と良好な関係を作るコミュニケーションや、部下のやる気を出すためのコミュニケーション、組織内で言いにくいことをはっきりと言えるコミュニケーションなど、コミュニケーションというテーマはものすごく広いですから、新しい切り口が見つかれば、後発であっても新規参入の余地は十分にあります。

ちなみに、最近の私に依頼が来るコミュニケーションのテーマは、「人を動かす」「影響力を発揮する」といったものが増えてきました。

❷マネジメント

上司向けのテーマも変わってきました。今でも多いのは、「リーダーシップ」や「生産性を上げるチームワーク」など、自分が管理職としてどう導いていくか、どんなリーダーシップを発揮すればよいのか、などのテーマですが、最近増えていると感じるのは、管理職になっても自分がプレーヤーの役割をはたさなければならないというプレイングマネジャーのみなさんの、「部下を育てる時間がない」「残業するなと言われているから、この時間の中で、どうしたら部下のやる気を出させるかわからない」といった、働き方改革の波の中で、部下育成を模索されている方向けのマネジメント方法や社員が気持ちよく働ける職場づくり、自発的に行動できる人材作りやチームや組織の生産性向上は需要が高まってきているテーマだと感じています。

❸ 心理系

これは、レジリエンス、メンタルヘルス、モチベーションといった心の課題を扱うテーマです。企業からの依頼で多く言われるのが、「やる気を出させたい」「若手のハングリーさがなくなってきている」「自分で壁を乗り越える力をつけさせたい」といった、「心を鍛える」というリクエストです。心の問題を扱える講師は強いですが、そのジャンルはこれまで、カウンセラーやセラピストといった「1対1」、もしくは「1対少数」でのカウンセリング技術を持った人の領域でした。しかし最近は、企業の中にも産業カウンセラーや産業保険師といった、企業で働く心のプロの方が増えてきて、日々メンタルヘルスの面談を請け負うなどの取り組みが増えています。「1対1」が専門だったカウンセラーの方が、「1対多数」向けの研修技術を学ぶことは、これからの時代に合っていると思います。

レジリエンス（resilience）とは弾力、回復力、復元力という意味を持つ、元々はストレスとともに、物理学の分野で使われていた言葉でした。近年では心理学の分野に転用され、個人・組織ともに通用する「さまざまな環境・状況に対しても適応し、生き延びる力」として使われるようになりました。日本では、２００９年頃から使われ始めた言葉ですが、仕事や生活環境において強いストレスを感じるという労働者の割合が、年々増加傾向にあるという社会的な背景や、セクハラやパワハラを含む対人関係によるメンタル不全などがレジリエンスを叫ばれる要因になっています。

そのために企業は、心を鍛えるための考え方や組織にレジリエンスを取り入れるための方法を学びたいという需要が増えています。このジャンルは比較的新しいので、講師が足りていないという現状がありますからチャンスかもしれません。

❹自分の将来、ポジション系

キャリア、女性活躍、ダイバーシティ、離職防止などは旬なテーマです。転職市場が活況になり、一生涯同じ会社に勤めなくてもいいのではないか、という風潮が高まってきた現代において、自分はいったいこの会社で何を目指して進んでいったらいいのだろうか、どんな人生を過ごしたらいいのだろうかと悩む若手社員は増えています。

また、政府や企業は「女性活躍！」とは言うものの、本当に子どもを産んで育てながら自分は企業で活躍できるのだろうか、そうは言っても、やっぱり男性社会じゃないか、人工知能に事務仕事を取られてしまったら自分の仕事はどうなるのだろうか、ということで悩まれている女性社員も多くいます。

そして、当事者である人事部も女性活躍と言ってもいったい何をどうしたらいいのか?と教育の方向性に悩んでいます。企業は、このテーマに力を入れていますから、講師の需要は高いでしょう。職場に女性が増えたら、上司はどんな点に気をつけてマネジメントができるのか、女性社員をやる気にさせ、モチベーションを上げるためにはどうしたらよいのかなど、他のテーマにも波及していきますから、女性活躍という切り口で、いくらでもコンテンツを作って入り込むことができると思います。

特に最近、企業から多く相談されるのは「離職防止」というテーマです。人材の定着率は企業の生産性と将来性に大きくかかわりますから、この問題を放置しておくことはできません。企業も、コミュニケーションの問題なのか、上司のマネジメントの問題なのか、本人のメンタルの問題なのか、環境の問題なのか、評価制度の問題なのか、それとも将来への希望がないから辞めてしまうのか……たくさんある理由を分析したうえで、離職防止に効果的な研修というものが求められています。私も、離職防止プログラムを作って企業に提供しようと思っていますので、このテーマもこれから大きなチャンスが回ってくると思っていてください。

❺ 営業スキル

私は営業を長年やってきたので、自分の営業体験を言語化して、若手社員に教育をすることが多いです。人工知能が、完全に企業に入り込んでしまえば、よほどの特殊技能やオンリー1ポジションにいない限り、「収益を稼ぐことができる」ことは、この先を生き残る可能性が高い道のひとつになると思います。これから社会に出ていく若い方々は、物心ついたときからスマートフォンを持ちながら核家族で育ち、電話よりもメールを多用し、価値観の違う大人より、気の合う仲間と過ごす時間が多かった人達です。

そういった、リアルな人間関係の訓練をする機会が少なかった受講生を相手に、自分が営業担当者として休日返上をしたり、夜討ち朝駆けなど根性で訪問をしていった武勇伝を語っても、なかなか共感は得られません。お客様に断られたら心を痛めてしまい、社内ではコミュニケーションできても、いざ社外で他人と接したとたん萎縮してしまう世代に、営業の必要性や楽しさ、お客様の心を開き、中に入っていくためのスキルを伝えられる講師は需要がなくならないと思います。会社員時代に営業の経験がある方は、ぜひご自分の営業スキルをコンテンツにしてみてください。ネット全盛の時代だからこそ、人と人、人と企業をつなぐ営業職を育てるコンテンツは今後も必要とされるでしょう。

これら全部のテーマをできなくてもいいのですが、この5つのテーマは、割とどれもが互いに絡んでくるものになりますから、どれかひとつのテーマに精通すれば、他のテーマにも応用がきくと思います。実際に私も、独立した最初の頃は、営業と上司部下のコミュニケーションの2つしかコンテンツがありませんでしたが、今ではこれら5つのテーマのご依頼をいただきながら、日々扱うテーマが増えています。結局、企業の課題とは「社員に生きがいとやりがいを持って楽しく仕事をしてもらいたい」という部分に関しては共通していると思うのです。

こうしてみると、複雑な時代になるとともに、企業の課題も、知識や技術の習得からメンタルやあり方にシフトをしていきました。研修講師は、人事部や研修担当者、研修エージェント、講師仲間との意見交換を密にして、企業が求めるテーマについて敏感でいなくてはならないのです。

企業研修の区分け

前項でお話ししたテーマ別研修の他にも、企業によっては「階層別」「担当者別」「時期別」「スキル別」「知識別」などに分けて行なうことがあるので、あらためて整理をしておきたいと思います。

❶「階層別研修」

入社年次や役職によって、呼ばれる対象が変わる研修です。

「新人研修」「入社3年目研修」「新任係長研修」「新任支店長研修」などの〝階層〟がそのままタイトルになっている研修が、これに当たります。企業では、年次や役職が上がれば、お悩みや会社から求められるレベルが変わっていくので、階層別研修のゴールや内容についてはよく打ち合わせをした上で、企業が伝えてほしいことやどんな思考、自覚を促せばよいのかを、コンテンツに含める必要があります。講師によって得意な年次や役職があるものですが、私は企業風土の改革のためには全社員層に同じ講師の研修を受けさせる必要があるという考えから、新人から支店長まですべての階層に対応できるコンテンツを揃えるようにしています。

❷「担当者別（業務別）研修」

「渉外担当者研修」「窓口担当者研修」「事務担当者研修」「経理担当者研修」などがそうで、入社年次に関係なく、今どんな業務や担当をしているかによって呼ばれる研修です。担当によって、身につける知識やスキル、レベル感が違うため、今ぶつかっている壁なども考慮してコンテンツを作ります。「他のみんなはどんなことをしているのだろう？」という疑問や不安を抱えながら業務をしている人が多いので、私は情報交換やネットワークづくりのための交流を促す研修にしています。企業によって、担当や係の呼び方や業務範囲、習得レベルが違うので、研修講師は自分が得意な業界（通常は自分がいた業界）や業務（私なら営業）をひとつ持っておくとよいでしょう。

❸「時期別研修」

企業によっては、年に数回の研修機会を設けるインターバル研修を行なう所もあります。たとえば、4月に新人研修をしたら、次は7月に「新人中間研修」、12月に「新人フォロー研修」、3月に「新人振り返り研修」や「2年目を迎えるに当たって」などの年間研修計画に入り込めると、一定数の研修が獲得できますから、年間研修の提案ができるようにコンテンツを作るのもよいかもしれません。何をするかは、企業がそれぞれの時期に期待する「成長進度」によって変わるのでしっかりとした対話が必要です。とくにインターバル研修は、研修転移効果が期待されるため、受講が増えていくと思われます。

❹「スキル別研修」

特定の技術や業務に求められるスキルを習得させる目的で行なわれる研修です。

「コミュニケーション研修」「コーチング研修」「マネジメント研修」「セールス研修」「レジリエンス研修」などのスキルの名前が付いている研修がそうですが、受講者の気持ちになってみると、スキル別研修というのは「スキルが足りない人が受けさせられる」というイメージがあるので、受講生の中には「俺にマネジメント力がないということか！」と怒り出す人や、「メンタルヘルス研修には行きづらい……」などと心配される方もいます。

ですので、最近は「部下の生産性を上げるワークショップ」や「職場環境改善研修」といった、欠点をなくす研修ではなく、今持っているスキルに加え、よりたくさんの引き出しを増やすようなイメージで打ち出す研修にシフトしています。

❺「知識別研修」

新しく商品や法律ができれば、詳細内容や制度、運用方法全般などについて学ばなければなりません。そこで、資格試験の勉強時間が確保できない社員のために、研修時間を取ることで勉強をしてもらうという目的を持つのがこの研修です。

しかし、最近は研修を内製化（企業の社員が講師）する企業も増えていたり、ＤＶＤやＥラーニング等で自主的に学ばせたり、働き方改革で残業がなくなった分、自学自習を求める企業なども出てきています。

このジャンルは、外部講師の力を借りなくても、受講生は業務や資格試験のためにやらざるを得ないため、今後も内製化が進んでいくものと思われます。これまで、外部講師に依頼していた知識研修の需要は少しずつ減っていくでしょう。

図1 研修テーマの区分け

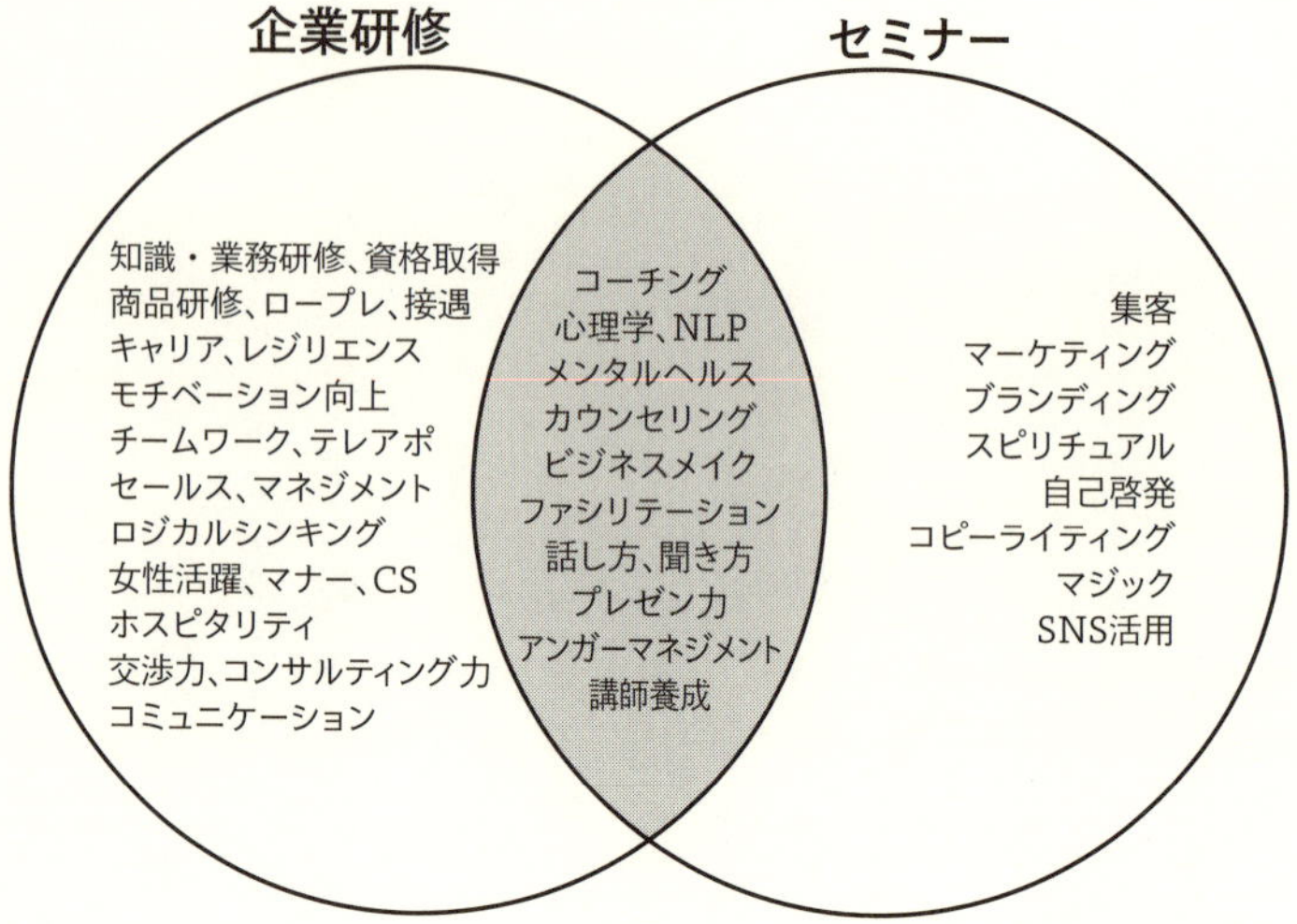

著者の見解による

ここまでお話ししたように、企業での研修は多岐に渡りますが、そのテーマは年々変化をしています。これまで画一的な企業研修だけをしてきた講師では対応できないテーマも出てきたので、セミナーはできても、企業研修は無理だと思っていた講師にもチャンスが出てきました。企業が、セミナー業界で使われるテーマにも興味を持ち始めたという変化は見逃せません。

つまり**図1**のように、研修とセミナーで住み分けされていたテーマが重なり始めたのです。この、両者が重なる部分のテーマやそれに類するテーマであれば、セミナー講師にも企業研修に食い込める可能性があるのですから、企業の課題解決と研修のレベルアップのためにセミナー講師からの参入も期待したいところです。

あなたは2章を読んでどんな学びがありましたか？

2章の学び

企業研修で大切なのは学習効果と学習転移

数あるテーマから自分の経験が生かせるものを探そう

3章

どうしたら企業研修講師になれるのか

「そもそも、どうしたら研修講師の仕事がもらえるのかがわからない」といったご相談をよく受けます。セミナー講師であれば、自分で「セミナーやります。ぜひ来てください！」と言って、会議室を予約して告知ページを作ってお客さんが集まれば開催できます。

しかし、企業にアプローチをするにはいったいどうしたらいいのでしょうか。企業の受付に行って、「人事部の研修担当者に会わせてください」とか「私、講師をしていまして御社のお役に立ちたいんです」と営業に行ったとして、はたして相手にされるでしょうか。

私もいろいろな経験をする中で、企業研修をご依頼いただく方法がいくつかあることを学びました。もちろん、ご縁やタイミング、需要があるものなので、この方法をやったからといって、必ず企業研修の依頼がくるという保障はありませんし、「私には物理的、環境的にできない」という方もいると思います。まずは、興味を持てたところやご自分でやれそうなところから継続していただけらば、きっと状況は変わっていくと思います。

極力直接営業はしない

私の独立起業時のほろ苦い思い出をお話ししましょう。今思うと、本当に無謀だったのですが、私は会社を辞めても、宣伝をすればすぐに仕事が来ると勝手に思っていました。なぜそのような判断で独立を決意してしまったのか、今では覚えていないのですが、とにかく何も考えていなかったことはたしかでしょう。私が仕事をいただくために何をしたかというと、会社員時代にセールスの本を出していたので、自著と会社のパンフレット（近所のはんこ屋さんで印刷していただく）、そしてプロフィールとホームページのコピーをセットにして、自分がいた金融業界（銀行、信金、生保、損保、証券等）に発送をしたのです。

金融機関の住所はネットで調べ、人事部の研修担当者宛のリストを作り、ダイレクトメール発送業者に送ってもらいました。数にして500件くらいで、金額は5万円ぐらいかかったと思います。

結果から言えば、ひとつもよい返事をいただけませんでした。反応は、正確に言うと3件あって、うち1件は苦情でした。「なんですか、これは。迷惑なので二度とこんなものを送らないでください」と、電話で叱られてしまいました。それ以外の2件は「送ってこられてもお受け取りできません」というお手紙とともに本が2冊返ってきました。1社くらいは問い合わせが来ると思っていた私は、ショックを受けました。仕方がないので、次は自分で企業の窓口に飛び込み訪問をしてみることにしました。しかし、企業研修を引き受けてくれるような大企業には、すでに多くの研修会社やエージェントが入り込んでいて、突然来訪した無名の個人会社の人間に会ってくれることはありませんでした。これは、自分が会社員だったときのことを思えば当然です。会社員は、そうでない人が思っているよりもずっと忙しいのです。大企業なら、受付からいくつかの部門と人を介して連絡が上がっていくので、なかなか担当者に会うことはできません。

それではと思い、人数が少ない中小企業にも行ってみるのですが、今度は担当部署がなかったり、お会いできても予算がないなどの理由で断られてしまいました。これらの経験を経て、今さらながら知名度のない個人に企業から依頼が来ることはないな、自分は何を勘違いしていたんだろう、ということに気がつきました。なぜ、もっと調べて準備をしておかなかったのか。会社を辞めてから何とかなるだろう、と漠然と思っていた私は、ここから途方に暮れていきます。

後になって、先輩講師から「講師は、紹介をいただいた時以外は、なるべく直接営業をしない方がよい」ということも教えていただきましたが、今となってはいい思い出です。

社内講師をする

私が、前職で社内講師をしていたことはすでにお話をしましたが、なかには、「社内講師って……そもそもうちにはそんな制度がないよ」という方もいるでしょう。私も、社内講師をやれる教育関連の部署にはいなかったのですが、営業支援をしていた企業から「若手向けに雑談がうまくなるとか、人間関係を築くテクニックとかはできませんか?」と言われたことをきっかけに、コンテンツを作り始めました。私は、自腹でセミナーに通ったり、銀行員にインタビューをする中で、「これからは、絶対にヒューマンスキルが必要な時代が来る」と確信していましたので、研修を営業ツールとして使うことにしたのです。

私が出入りをしていたある保険代理店の支店では、支店長の許可を得て若手数人を相手にコーチングで学んだ会話術の一部を、数回のシリーズで教えることをやりました。自分の営業経験で培った、お客様の心を動かすコツなども入れて徐々に形になっていきました。それが少しずつ噂で広がり、参加人数が増え、研修時間が延びていくのですが、面白いのは、それに伴って業績も上がっていったことでした。あれだけ毎日、支店訪問をして商品の宣伝をしても売ってくれなかったみなさんが、自分のスキルを伸ばしてくれる講師のために商品を販売してくれたのです。

やがて、そのことは支店長を通じて本部にまで届き、本部主催の研修に登壇をはたすまでになりました。その頃には、上司もヒューマンスキル研修をきっかけに代理店に入り込む営業手法を理解してくれて、「研修営業」とか「研修戦略」などの名が付いて社内に広がっていくことになります。営業担当者が講師をすることが、そのまま営業活動になるという発見は、私の人生を変えてくれました。あなたの仕事が、もし営業職であるならば、営業と研修は非常に相性がよいので、自分の営業先に研修をさせてもらえないか？　という選択肢を考えてみてください。

勉強会を主催する

社内講師をすることのハードルが高かったり、営業担当者でない方でも大丈夫です。その場合は、社内の仲間を相手に自分で勉強会を主催してみるという方法があります。「誰かが企画してくれるなら学びたいけど、自分から面倒くさいことをするのはどうもねえ」という方は多いです。人が面倒くさいと思うことを、代わりにやるというのはビジネスの基本ですから、私は研修講師に興味があるという仲間を探し、部門を超えて社内勉強会や簡単な講師養成講座をやっていました。

もし社内が無理なら、セミナーに参加して人脈を作り、仲間のフォローアップのための勉強会を開いたり、各々が学んできたスキルを発表し合ったりプレゼンをしたり、ミニセミナーができる「場」を主催してみることは、将来必ず自分のビジネスの役に立ちます。かかった費用は、頭割りして明朗会計にすることや、できれば時期や時間が決まっている（毎月第４日曜日など）定期開催の方が、参加する仲間のスケジュール調整の負担が減ります。

主催者は、場所を予約してＬＩＮＥのグループや Facebook グループなどで情報を共有したり声を掛け合うようにしておくとスムーズです。勉強会を主催するメリットは、

- 継続的に自分の研修技術をブラッシュアップできる場が持てる
- 他人が習ってきたスキルや情報を格安で手に入れられる

- 将来、自分が有料のセミナーを開くときの集客や運営のお手伝いをしてくれる仲間が手に入る
- 自分のコンテンツやプレゼンにフィードバックがもらえる

などです。また、このときにいろいろな業種の仲間がいれば、今現場で何が起きているのか、上司や部下としてどんな悩みがあり、会社でどんな研修を受けているかなどの最新情報が手に入ります。

そして、勉強会でのプレゼンを動画撮影しておけば、企業研修講師としての仕事をいただくときの宣伝材料にもなります。さらに、勉強でできた人脈から企業への紹介が出ることもありましたので、自分で勉強会を主催しておくことは研修講師への近道と言えるでしょう。

セミナーを主催する

私は、社内講師の経験からスタートしましたが、独立後に自主開催セミナーを多数主催したことで、講師としての幅が広がりました。最初にやるセミナーのテーマは、無理に高尚なものは選ばずに、あなたがこれまで経験をしてきたことや身につけてきたこと、本当に人に伝えたいことをやってください。スポーツ？　音楽？　英語？　財務？　コレクション？　本？……なんでもいいのです。よく「自分には伝えたいことが何もない」という人がいますが、本当は

あるのに、批判を気にして自分で封印しているか、誰かに正解となるテーマを捜してもらおうとしているか、人が集まらなかったらどうしようなどの不安が先に来ることで行動できなくなっている場合が多いのです。

『アメトーク』という番組があります。「〇〇大好き芸人」が、毎週自分の好きなことについて誰もがわかるように、爆笑エピソードなどを交えて解説していきますが、熱意溢れるプレゼンは、そのジャンルにくわしくない人が見ても十分に楽しめるものです。

誰もわからないようなニッチなテーマでも、最初は3人でもよいので、受講者を集めることから始めてください。私の最初の自主開催セミナーは、「メンタリストが行なうフォーク曲げを学べる講座」という怪しいものでした。マジックが趣味だった私が、メンタリストの技術であるフォーク曲げを、セミナーで知り合った友人に見せたところ、「これはセミナーのツカミに使えるから、ぜひ教えてほしい」と言われたのです。

私は、あるマジシャンから「白戸さん、今さらフォーク曲げなんて古いですよ。流行らないですよ」と言われていたので、「こんなの、もう古いから誰も喜ばないでしょ?」と言いましたが、友人は「いやいや、ビジネスマンでこの技術を持っている人は誰もいないからね、絶対に武器になりますよ」と言ってくれたのです。単純な私は、「じゃあ講座にしてみよう」と思っていろいろ調べてみたら、誰もフォーク曲げを体系的に教えている人がいないことがわかりました。

そこで私は、「目的はセミナーのツカミ、時間は丸一日。完全言語化してプレゼン能力が上がり、100％再現できるフォーク曲げ」という主旨で講座を作ったところ、初回は6人集まり、その後は毎月かなりの人数に足を運んでいただけたのです。

今では「ビジネスメンタリスト®」という商標を取り、企業研修の冒頭で、フォークを曲げるパフォーマンスをツカミとして行う日本初の講師として、企業から認知されるようになりました。

個人エージェントになってみる

これは、広い意味での自主開催セミナーなのですが、自分が登壇をするのではなく、自分が聴きたい、自分が呼んでみたい講師を探し出してセミナーを開催する方法です。メリットは、自分が憧れる講師や有名講師との人脈ができることや、無料でセミナーや講演会を聴けること、自分が個人エージェントになることで、研修エージェント側の気持ちになったり苦労を体験できることなどです。私も独立して最初にやったのが、あるメンタリストをネットで探して、「人の心を読む方法」について、1日セミナーを運営することでした。そのきっかけは、私自身がメンタリズムの技術に非常に興味があり、自分もこれを身につけて研修に役立てたいという気持ちがあったからです。

しかし、その当時どこをどれだけ探しても、そんな講座は開催されていなかったので、思い切って自分で開催をしてしまったというわけです。講師とのやりとり、会場手配、チラシづくり、告知ページの作成、参加者への案内、入金管理、レジュメの印刷、機材の持ち込み、当日の司会進行、不測事態への対応、講師料の支払い手続き、受講者へのフォロー……。やることはいくらでもありました。かなりしんどい思いをしましたし、見栄を張って豪華なホテルの会場を使ってしまったので興行的には大赤字でしたが、今思えば、これは「やってよかったなあ」と思う体験でした。それ以降も、面白かった本の著者に連絡をしたり、ネットで見つけた講師に連絡を取ってプロデュースをしていきました。メンタリストの他にも、元刑事さん、TVで有名なプロマジシャン、プロ格闘家、催眠術師、タレント、アナウンサー、研修講師、東大教授等々、巷では受けることができないテーマや講師を探してくるのはたいへん面白い経験でした。そのおかげで、自分のネットワークや引き出しが異業種に対して増え、新しい視点や考え方を企業研修に持ち込むことができていると思います。

商工会議所を活用する

商工会議所とは、その地域における商工業者の代表機関という位置づけの組織で、日本全国に存在しています。地元の商工業の発展を目的として活動し、地域の大企業や中小企業に関係なく、みんなで協力して住みやすくて働きやすい地域や街づくり、ひいては元気な日本にしていくことを目的としている組織ですから、たいへん勤勉な方が集まっています。

具体的には、地域ごとの商工会議所でとりまとめた意見を公表して、それを国会や行政庁などに対して発議を行なったり、商工業についての調査や研究を行なったり、情報や資料の収集、そして刊行物の発行・配布などや商品に対しての品質管理や、商工業者に対する事業内容、またそれに関しての証明や検査を行なっています。最近は人口減少に伴う過疎化に悩む地域も増えてきましたが、商工会議所は地域の経営者とともに街おこしを行なったり、メディアに取り上げられるような住民のためのイベント、催し物を主催することもあります。

商工会議所は、そうした地域の安定と発展のため、経営者向けの勉強会やセミナー、研修を頻繁に行なっています。多くは1，2時間の講演会形式の短時間の企画ですが、たとえば新入社員が入ってきたけれど、自前で研修をすることができない企業などが、合同で研修を開催するお手伝いをしたりするので、常に新しい講師を探している組織でもあります。

商工会議所の知人によれば、講師を起用するときのアプローチにもいくつか方法があるそうなのでご紹介します。

❶ 直接アポイントを取る

地元の商工会議所に連絡を入れて、「自分も地元で商売をしているが、ご挨拶をしたい」というアポイントを取っていけば、それほどむげには扱われない可能性が高くなります。ここは、売り込みや営業に行くというより、地元の人間として顔つなぎや挨拶に行くという感覚で、気軽に情報収集に行くのがよいでしょう

❷ 紹介をもらう

商工会議所で講師をしたことがある人に紹介を頼むと、話がスムーズだそうです。ネットにご自分の地域を入れて、「商工会議所　講師」などで検索すると、講師がＳＮＳで研修実績を発信している場合があるので探してお会いしてみるのも手です。

❸ セミナーに招待する

商工会議所にセミナーの案内を送って、自主開催セミナーに無料招待をして人間関係を作ると、パイプができます。商工会議所で講師をすることは、信用力を作る上でプラスになります。「商工会議所で年●回の登壇実績があり」と書けるようになれば、企業研修の道も開かれやすくなります。

また、商工会議所は企業よりも研修・講演テーマが幅広いので、セミナー講師の方がやっているようなマーケティングやブランディング、出版や集客などのテーマでも起用されることがあるので、よりチャンスが広がる可能性があります。

前職に声をかける

これは、自分がいた会社に、今の自分の仕事を伝えに行く方法です。ひとつの会社で、ある程度長期にキャリアを積んだ方であれば、同期も先輩も後輩も上司も部下もいるわけですから、何かしらのツテを探して訪ねてみれば、とりあえず門前払いされずにすみます。これは、定年退職されてから講師をされる方がよく使われるのですが、部下にしてみれば自分の元上司が連絡をしてくればアポイントを受けざるを得ないし、「安くてもいいから一度使ってくれよ」と言われれば、断りにくくなります。この方法のデメリットとしては、実力がないのにしつこく連絡をして、過去の上下関係だけで営業をすると、せっかく築いた前職の人間関係をなくしてしまうことです。

もちろん、実力のある方はクチコミが広がってどんどん全国の営業店を回られる方もいらっしゃいますが、正直あまり高い講師料は取れないのが現実です。退職金も年金ももらっているので生活に困っておらず、むしろお金よりも前職に貢献をしたい、自分の承認欲求を満たしたいという方はいいのかもしれません。実は、私もこの方法は一度やったことがあります。先輩を訪ねて話をしたのですが、先輩から「やってもいいけれど、先輩価格で頼むよ」と言われてしまい、断念した経緯があります。私の中では、「先輩価格って何だよ!?　それを言うなら独立祝いで上乗せするのが先輩だろう?」という自分勝手な思いもありました。

しかしながら、やはり企業としては同じお金を払って時間を取って人を集めるのであれば、できるだけ価値が高いと思う講師を使いたいわけです。前職で一緒に仕事をして、馬鹿な話をしたり失敗している姿も見ている人が急にやって来て、「講師です」と言っても、そこはなかなか付加価値を感じてもらえないのはむしろ当たり前です。以前から知っている人より、業界で有名な人やこの人すごそうというプロフィールの人にお金を払うのが企業というものです。

前職に行く場合は、前職を円満退社し、縁を残しておくこと、すぐに営業に行くのではなく、まずは余所で自分の仕事の質を高めることに注力し、情報発信などを重ねていくことです。企業というものは、外圧に弱いものなので、外の世界で有名になれば、向こうから依頼をしてくるようになります。私も、今では正式な仕事としてご依頼をいただき、前職に出向くようになりました。これも、選択肢としては入れておいてください。

企業研修講師のアシスタントをする

交流会やセミナー、コミュニティなどで企業研修講師と仲良くなったら、「鞄持ち」をお願いするのも、方法としてはありです。交通宿泊費は自腹を切り、研修中の記録や写真を撮ったりするアシスタントをさせていただくのです。研修をどう回しているのか、受講生はどのように変化していくのか、時間配分やコンテンツの構成を体感でき、自分の研修イメージも作りやすくなります。ただし、企業研修講師はライバルを増やしたくない方が多いので、自分とテーマやジャンルや業種が被る方にお願いするのは避けたほうがいいでしょう。

オーディションを受ける

研修会社やエージェント、有名講師などが主催する「講師オーディション」にチャレンジしてみてはどうでしょう。オーディションの目的は、次世代の講師を発掘し、企業に売り込める人材を確保する狙いがあります。多くは、エントリー後に10分ほどのプレゼン動画を送って審査してもらったり、一般視聴者に投票をしてもらうなどの選考を経て予選を勝ち上がり、本戦のステージに立つことができるシステムのようです。

主催者は、たいてい企業や研修エージェントとつながりがある方だし、審査員の中に研修会社の方がいる場合もあります。なので、主催者や審査員の目に止まれば、仕事につながる可能性が高くなります。他にも賞金が出たり、優勝者は研修エージェントとの契約が約束されているオーディションもあるので、ネット検索でいろいろ探してみてください。

企業研修講師養成講座に参加する

企業研修講師に特化して、その養成を行なう講座もあります。私が懇意にしている（株）ガイアモーレさんは、毎年「ゼロから講師プログラム」という、1年近くをかけて企業研修講師になるためのトレーニングを受けられる講座を開いていて、もう10年続く人気講座となっています。講座の課題をクリアできれば、最後は研修エージェントの前でオーディションが受けられ、仕事への道が開かれます。また、（株）ガイアモーレさんは、2018年の8月から、「日本プロフェッショナル講師協会」という団体も立ち上げ、さらに本格的に企業研修講師を育成して世に送り出す活動をしています。私も応援している協会ですので、興味のある方は公式HPを覗いてみてください。

▼日本プロフェッショナル講師協会：https://j-pia.net/

企業研修会社に転職する

もし、どうしても企業研修を仕事にしたかったら、こんなやり方もあります。ネット検索をすると、法人向け研修サービスを行なっている会社が、それこそ山のように出てきますから、思い切って、そのような会社に転職をしてみるのです。研修会社で、講師としてのトレーニングを積み、全国の企業に派遣されて場数を踏んでいくことは、人前でしゃべることはできるけれどコンテンツがないという方にとっては良い機会になります。

私が少し検索しただけでも、通年で求人募集をしている研修会社はかなりの数ありました。ただし、その場合は自分がやりたいテーマの研修ができるとは限らないことや給与制の会社の場合は、報酬的には講師全般の水準と比べてあまり期待できないという点がありますが、選択肢の一つでしょう。

研修エージェントに登録をする

企業研修講師として仕事をしている人が、最も行なっているのが研修エージェントに登録するという方法です。「エージェント」というのは、日本語で代理店のことです。自分が企業に営業をする代わりに、研修エージェントが企業に自分を売り込んでくれて、折衝窓口にもなってくれるのです。そして、その代わりに企業からいただく講師料のうちの一定割合を手数料として受け取るというのが、基本的な研修エージェントのビジネスモデルとなります。研修エージェントの活用についてはこの後の章でくわしくお話しします。

あなたは3章を読んでどんな学びがありましたか？

3章の学び

企業研修講師になりたかったら考えつくあらゆる方法を試してみる

4章

企業研修エージェントを活用する

私は現在、2社の研修エージェントに登録していますが、これは少ない方でしょう。私は2社で年間100研修以上をいただけているので、現在はこれ以上登録を増やさなくてもよくなっています。研修講師として認知されるまでは複数のエージェント登録をしておいても、ランニングコストがかかるわけではないので損はありません。

私の場合、研修エージェントは自分で探したのではなく、2社とも研修エージェントから連絡をいただくというご縁がきっかけでした。1社は、たまたま書店で私の著書を読んだ担当者が出版社経由で連絡をくれました。担当者にお会いし、上司の方と面談をさせていただき、自分の専門ジャンルや経歴、そして希望する講師料を伝えました。もう1社は、私の「ビジネスメンタリスト®」という肩書きが検索で引っかかって見つけていただいたそうです。

ここも同じく、研修エージェントに出向いて、打ち合わせのうえ諸条件を確認した後に契約書を結びましたが、研修エージェントは常に講師を探しているので、自分の情報発信をしておくことは大切だとつくづく思いました。この章では、研修エージェントへの理解を深めて活用いただくコツをお話しします。

研修エージェントから仕事をいただくメリットとデメリット

研修エージェント（以下エージェント）とは、企業に研修や講師の紹介をすることで仲介手数料をいただくというのが基本的なビジネスモデルになります。こう聞くと、エージェントが手数料を取ることに難色を示す人も出てくるのですが、私はそうは思いません。具体的に、エージェントを介して仕事をいただくことのメリットとデメリットを比較してみましょう。なかには、エージェントによってはやっていないサービス（お迎えや宿泊手配など）もありますので、登録の際に確認をしてください。

ある講師は、エージェントが紹介をしてくれた企業に「次回から直接ご依頼いただければもっと安くなりますよ」と持ちかけてしまい、逆に仕事がなくなってしまいました。これは、業界的にも人としてもタブーなことです。そして、企業側もエージェントを飛ばして直接取引を持ちかける講師については不信感を持ちますから、絶対にやってはいけません。売れっ子講師になると自分の会社で営業担当者や講師を抱えて、エージェント業務と講師業を兼務する講師もいますが、これは特殊な例と理解をしておいてください。

私自身は、自分がほしい金額を提示してそれをいただくだけなので、中間搾取をされているという感覚はまったくありません。自分では入り込めないような企業と取引をしていただき、自分が他の仕事をしているときに、一所懸命自分を売り込んでくれるエージェントという存在は、たいへんありがたいと思います。

細かい条件などはエージェントによって違いますし、タッグを組んでお互いＷｉｎ-Ｗｉｎの関係で仕事をしていくのですから登録先を吟味する必要はありますが、ぜひエージェントを

表4 エージェント活用のメリットデメリット

メリット	デメリット
• 自分の代わりに企業に営業をしてくれる • 講師は営業に取られる時間を資料作成やブラッシュアップに使える • 個人では確保できない量の研修を行える • 講師料回収のリスクが少ない • 研修のフィードバックや情報がもらえる • スケジュール管理をしてくれる • 宿泊先などの手配をしてくれる • 研修会場まで案内してくれる • テーマやコンテンツの相談に乗ってくれる • 企業へのリクエストなどを代行してくれる • 良い評判が立てばエージェント内で共有されるのですぐに仕事が増える	• 研修先企業を選べない • 直接受注するより講師料が安くなる • 一度設定した講師料の値上げがしにくい • 受注は「待ち」なので、コントロールできない • エージェントに紹介された企業との直接取引をしてはいけない • 一度失敗するとエージェント内に共有されて一気に仕事が減る

※エージェントによってサービス内容は変わります

活用していただきたいと思います。

エージェントへの登録方法

ここではエージェントに登録するための一般的な方法を3つご紹介します。

❶WEBから登録をする

エージェントによっては、公式サイトから所定のフォームに記入をするだけで登録できるところもあるので、プロフィールをきちんと作った上で応募をしてみることです。

ただ、お手軽なだけに競争相手も多くなり、そうなると、登録だけで終わり、その後の反応がない場合も多いと思います。しかし、プロフィールや扱うテーマによっては、「あ、この講師はうちにいないな」と判断されれば、会いたいという連絡が来ることがあるので、登録する分には無料なのでやってみてはいかがでしょう。

❷直接電話をする

「研修　講師　登録」と検索すると山のように出てくるエージェントですが、まだWEBから登録できない会社もたくさんあります。WEB登録できないということは、募集をしていない可能性はあるものの、ネット社会において電話をするという行為すらやろうとしない人も多く、WEB登録よりはライバルが少なくなるという利点もあります。

一度お電話をして、「講師を募集していますか？」と聴いてみてください。なかには、プロフィールや職務経歴書を直接送りつけてから「見ていただけましたか？」とお電話する方もいらっしゃるようですが、これは止めておきましょう。みなさん日々忙しく立ち働いている中で、いきなりプロフィールを送られてきても、よほどのことがない限り見ることはありません。

しかもいきなり、「見てくれました？」などと聞いてくる講師は、非常識の烙印を押されてしまうので気をつけてください。エージェント側は、どこで講師とご縁があるかわからないため丁寧に接してはくれますが、担当者がその方と仕事をしたいと思うことはないと思ってください。

またエージェントによっては、「いきなりプロフィールを送られてきた場合は読まずに捨てる」と明言される所もあったので、やはり郵送は止めておきましょう。

❸ 講師に紹介してもらう

エージェントに登録する上で最も強いのは、そのエージェントにすでに登録をして活躍している講師からの紹介です。担当者と不仲だったり、あまり実績がない講師でない限り、その後の仕事に影響が出るかもしれないと考えれば、講師の紹介は断れません。

自分のエージェントに人を紹介できる講師は、紹介者が登録になっても自分のポジションが揺るがない自信があるということです。そして、その講師からの紹介であれば、いわば一次審査に通っているという認識から、エージェントとしても使うリスクが少なくなります。そういったチャンスを逃さないためにも、普段から研修講師仲間を増やして人脈を広げておきましょう。

プロフィールを作る

実は、エージェントが企業に講師を紹介し、受注されるときというのは「この講師なら必ず御社の役に立てます！」というエージェントの熱意が決め手になることが結構あります。もちろん、その時にも講師プロフィールなどの資料を提示してはいるのですが、研修担当者とエージェントの間に信頼関係ができていれば、「この人が、そこまで言うのなら使ってみるか」という判断が働くことの方が大きくなります。

しかし、研修担当者が社内で上長の承認を得るのに熱意だけでは稟議を通すことはできません。上司から、「本当にこの講師で大丈夫か？」と聞かれたときに「エージェントが言うので大丈夫です」ではなく、客観的に説明できる資料が欲しいわけです。つまり、プロフィールとは、「なぜ、この講師がこの研修をするのにふさわしいのか？」ということを、社内や上司に伝えるための資料でもあるということは念頭に置いて作る必要があります。プロフィールの書き方にルールが存在するわけではありませんが、セミナー講師が作るプロフィールと企業研修講師が作るプロフィールは根底に流れる思想が違うので、そこは明確にしておきたいと思います。

セミナーを行なうときに一番苦労するのは「集客」です。わざわざ、自分のお金と時間を使って会場まで足を運んでもらうには、「この講師はすごそうな人だ」「この講師に会ってみたい」と思わせるプロフィールづくりをする必要があります。

したがって、セミナー講師の中には「マイストーリー」に力を入れる人が多いです。マイストーリーとは、講師がいかに壮絶な人生を歩んできたのか、そしてそこからどうやって成功をすることができたのか、などを伝える物語のことです。

あなたも、「突然襲った病気を克服し」とか「借金1億円を3年で返済し」とか「うつ病になったがこのメソッドと出会ったことで人生が変わり」などの、波瀾万丈の人生をプロフィールに入れている講師を見たことがあると思います。マイストーリーを入れること自体は悪いことではありません。しかし、企業研修はマイストーリーで講師を決めるわけではありません。企業研修講師のプロフィールの目的は集客ではありませんから、あくまでも研修担当者や決裁権限者である上長が、後々まで会社に残る書類に決済印を押すに足る材料としてのプロフィールを作る必要があります。

つまり、企業が予算の中からお金を支払うためには、「この人なら、うちの課題を解決できる人だ」という客観的な判断を記録に残すことを前提としたプロフィールを作る必要があります。決裁権限者は、自分の印鑑が押された書類が記録として残り、研修が失敗したときには非難を浴びる責任を負いますから、「この講師、本当に大丈夫？」という疑念を払拭してほしいのです。

資格、肩書きを示す

世の中にはいろいろな資格があります。国家資格や民間資格、さらに、自分で作ったオリジナル資格で登壇する講師もたくさんいます。

企業研修において大切なのは、「この講師はどんな問題を解決できる人なのか？」がわかる肩書きや資格です。たとえば、

- 国家資格（キャリアコンサルタント、公認心理士、弁護士、社労士、中小企業診断士、行政書士等）
- 業界資格（証券アナリスト、ファイナンシャルプランナー等）
- 心理系民間資格（認定コーチ、産業カウンセラー、心理カウンセラー、認定心理士、教育コンサルタント等）
- 元○○（元CA、元アナウンサー、元プロスポーツ選手等）といった、誰かのお墨付きや「あ

あ、この資格知っている」「へー、こんな業界にいた方なんだ」という情報があった方が断然有利になります。

どの資格が有利なのかではなく、あくまでもその企業の課題を解決できる講師であるということがわかる資格であることが一番です。

また、自分で作ったオリジナル資格や認知度の低い資格をお持ちの方であれば、次でお話しする経歴や実績に力を入れてみましょう。

経歴、実績を示す

資格が弱いと感じたり、わかりにくいなと思ったときは、「経歴」や「実績」でカバーをします。たとえば、

- 一部上場企業の管理職として部署を業績トップに押し上げた
- 人事・教育部門を○年歴任
- ○○の営業に○年従事し、○日連続挙績の社内記録を持つ
- これまで延べ○千人以上の人材採用に関わり、伸びる人材伸びない人材の特徴を研究
- 産業カウンセラーとして○年活動し、○百人以上のメンタルを向上させてきた

などの実績やご経験があると、説得力が出ます。ただし、持っている資格や経歴と扱ってい

る研修テーマは一致させておきましょう。たとえば、コーチング資格を持つ講師が、コミュニケーション研修をするのは自然ですが、コーチの資格しかないのに、お客様の心を動かす営業心理学の研修をするには、少し無理があります。「コーチングも心理学だ！」と言われる方がいるかもしれませんが、企業にはその判断をする材料がありません。しかし、たとえばコーチ資格を持っていても営業経験がないときは、

> これまで〇十人以上の営業担当者のコーチングを実施する中で、営業に対するメンタルブロックの有無と営業成績の間に相関関係があることに着目。知識やスキルがあるのに成績が伸び悩んでいる営業担当者の心理について研究を行った結果、コーチングのスキルをお客様との会話に入れることで営業活動への忌避感が薄くなることを発見。現在は営業に悩める若手社員の武器として、心理的セールスコーチングの専門家として、全国で研修を展開している。これまでの延べ受講者数は〇百人を超える。

のような経歴があれば、講師自身に営業経験がなくても、営業担当者の心を前向きにさせるプロと名乗るのに十分な講師であると感じます。私もデビュー時は、社内講師として5年間の実績から人数を割り出し（1研修30人×年間40回×5年＝6000人）、「心理的コミュニケーション指導の専門家として、これまで延べ受講人数は6000人を超える」と書いていました。

今では、おかげさまで28000人以上の方が受講くださいましたが、この数字は年々増えていきますから、講師業は長くやればやるほど格が上がっていきます。「あなたは、なぜその研修ができる講師なのか？」という問いに答えられるプロフィールを作ってください。

主婦はどうするのか

一方、主婦の方から「肩書きや資格はなんとかなるけれど、そんな経歴なんかない」ということを言われますが、その場合は、少しでも企業の課題に寄り添うようなマイストーリーを書きましょう。たとえば、

- 不登校の息子を3ヶ月で立ち直らせた経験を元に作った「●●メソッド」を全国で実践するための活動を行っている
- 配偶者がうつ病になってしまったことから心理に興味を持ち現在は心理カウンセラーとして全国の悩めるご家族のための面談技術をこれまで数百人にお伝えしている
- 働き方改革、ダイバーシティの本質を働く主婦目線で捉えた「真・働き方改革」を提唱する活動を行っている

といった具合です。女性の働き手は増えており、女性指導のお困り事を解決できる講師は、これからも需要があるでしょう。

さらに「企業の課題解決に寄り添うような特殊な体験はない」という方は、研修講師になろうとする前に、まずはコツコツと自分ができる範囲での実績を積み上げることです。

たとえば、主婦の方でも現代なら気軽に著者になることができます。商業出版の審査ハードルを越えたうえで、ビジネス書1冊分（10万文字）を書くのはたいへんですが、電子書籍なら1、2万文字で30ページ〜50ページくらいの本になるので、自分でAmazonに出して著者を名乗ることができます。ですから、主婦の方であっても、

- 企業の課題を考え、自分の体験と共通点がありそうなモノを探す
- 民間のセミナーで企業のテーマに近い資格を取りに行く
- 研修講師のアシスタントなどの勉強をさせてもらう
- 書籍（電子書籍ＯＫ）を出す

などの努力を惜しまずやってみましょう。

プロフィールは履歴書ではない

よく講師の方で、プロフィールが「履歴書」になっている方を見ます

1990年に●●大学●●学部卒業
同年　株式会社○○に入社
1998年　営業部係長
2004年　同部課長（最年少昇格）
その熱血指導で、部下を全国屈指の営業担当者に育てあげた。
その後、営業部長としてエリア内営業所の業績を、5年連続対前年比120％超にまで押し上げた。

このプロフィールでは、「ああ、頑張って出世した人なんだな」ということはわかっても、どんな講師なのか、受講生のどんな課題を解決してくれる人なのかがまったくわかりません。会社員出身の講師は、過去の「自分の地位」を最初に書きたい気持ちになる方がいますが、もし肩書きを書くのであれば、それを書く必要があることにまで言及するといいです。たとえば、

営業課長時代に、行き過ぎた熱血指導による誤解から課員全員から辞表を提出される。パワハラによって部下を育てようとした自分の反省を活かし、コーチングスキルを取得、対話型マネジメントの指導で組織を全国トップに押し上げた。今ではコーチングを活かした、

部下の心に火をつける面談技術を企業に紹介し、部下の心に入り込み、生産性を上げるコミュニケーションの指導方法を全国で講義している。

などとするのであれば、課長経験を書く理由になります。ただ肩書きを羅列しただけのプロフィールは、講師が自分を大きく見せるための情報になっていることが多いのです。

特色を書く

「特色」とは何を書くのかというと、「参加型の」とか「一切寝かせない学びの多い研修」や「アウトプット中心のワーク型研修はファンも多く」などの、その講師がどのような方法を使って研修を行なうのかがわかる情報のことです。企業研修講師には、セミナー講師ほどのオリジナル性は問われませんが、それでもやはり、「どんな特色を持った講師なのか？」という疑問には答えておく必要があります。たとえば、

- 一日で大きく変化がみられる
- 研修後は活動量が1・2倍に増える
- 自分の使命がわかることで、受講生のモチベーションが蘇る

など、企業がほしがっているキーワードを与えられる講師であるというポイントを書ければ、

それは強いプロフィールになります。また、希少性が高い講師であることも武器になります。たとえば、「日本で数人しかいない資格を持っていて」とか「日本唯一の」という肩書きであれば興味を惹きます。私も、「日本初のビジネスメンタリスト」という肩書きは研修担当者から、「あれは食いつきました」と言われたことがあります。

また、弁護士、社会保険労務士等、士業の肩書きで講演会をしている人はものすごく多いです。ただ、士業の方は自分のジャンルの法律や制度についての需要が多いうちはいいのですが、これだけ情報が溢れた時代になると、単に情報を伝えるだけの講師は呼ばれなくなっていきます。士業でコミュニケーション研修をしようと思ったら、「弁護士が教えるお客様の本音を引き出す質問術」や「職場をブラックにさせないリーダーがやっているコミュニケーション」などの見せ方の工夫が必要となります。

整理すると企業研修では、

❶課題解決の専門家たる肩書きをつける
❷課題解決できる経歴（実績）を持っている
❸研修の特色や著書があるといった情報を入れる

ということでした。決して大げさなマイストーリーは必要ありません（あってもいいですが、研修決定の決め手にはなりません）。私が今使っている、研修を受注するときのプロフィールはこんな感じです

白戸三四郎
株式会社ウィンケスト　代表取締役　ビジネスメンタリスト®　営業心理コンサルタント
大手生命保険会社に20年勤務し、個人営業からセールスレディの育成、教育企画、代理店営業分野を経て２０１３年に独立。これまでの研修受講人数はのべ２８０００人を超える心理的コミュニケーション指導の専門家。自身の経験とコーチングをベースとした、売り込まずに短時間で信頼される営業担当者に変身させる「セールスコミュニケーション」を体系化。決して飽きさせない双方向参加体感型の研修とエンターテイメントの要素を掛け合わせた研修手法には定評があり、そのリピート率は85％を超える。
著書に、『銀行員のための売れる！セールスコミュニケーション入門』（同文舘出版）などがある。

といった感じです。嘘は絶対に書いてはいけませんが、謙遜しすぎても何もなりません。ご自分の経験と学んできたことや持っているスキルが、クライアント企業の役に立つということをわかるよう書いてみてください。そして書いたら、必ず人に見てもらってください。自分では気がつかない言葉のわかりにくさや不明な語句、怪しく見えるポイントなどを指摘されることは必要です。

写真を載せる

研修講師にも、プロフィール写真は必要です。全身でも上半身でもいいのですが、顔がハッキリと写っているものを選びましょう。また、顔は横顔ではなく正面顔、できれば研修で着るスーツ姿の写真が望ましいでしょう。あなたが著名人でなければ、髪型はあまり奇抜ではない方がいいし、ヒゲも企業によっては敬遠されます。奇抜なスタイルにこだわる場合は、他のジャンルですでに実績のある方であることが条件になります。

私もデビュー当初は、私服でやや気取った写真を使ったプロフィールにしていたことがありますが、ある企業から、「スーツを着た写真でないと、上の理解が得られない」と言われ、写真を撮り直したことがあります。自分の主義信条やキャラを押し通すのもいいですが、企業には企業の倫理があるので、講師の自分勝手な解釈でプロフィールを作らないようにしましょう。

企業は清潔感や誠実なイメージを見ます。研修担当者が上司から、「こんな先生を呼んで大丈夫か？」と聞かれるのは面倒くさいのです。対応なども含めて、何事も面倒くさいと思われてしまった講師に仕事はまわってきません。だとしたら、少しでもチャンスを広げるためには繰り返しになりますが、売れないうちは、企業の役員に回付されても耐えられるものかどうかという視点でご判断ください。

動画を用意する

動画も、プロフィールとして活用しましょう。特に最近は、「この講師の動画はありますか？」とエージェントに聞く企業が増えてきています。プロフィールの段階ではものすごい実績と肩書きを持っている講師だったので依頼をしたら、まったく面白くなく、話も普通でがっかりしたと言われてしまう方もいます。そうならないために、企業は講師のYouTube動画や書籍、公式ホームページなどを事前に入手し、しっかりと吟味するようになりました。

企業に、安心して選んでもらえる材料を用意しましょう。YouTube動画へのアップなどは簡単にできますから、今後は講演や研修風景の動画撮影をしてこまめにアップしておくことで企業からお声がかかりやすくなるし、競合相手がいる場合は、動画がある方が断然有利になります。研修をしたことがない方は、会議室を借りて、ホワイトボードの前でミニ研修や研修の中で扱うノウハウを話した動画を撮影しましょう（5分程度でＯＫ）。私が独立した２０１３年では、まだ動画撮影のためにビデオカメラを購入していましたが、すぐにスマートフォンが進化して、お手軽に撮影ができるようになりました。本当にいい時代になったとともに、動画コンテンツは企業研修講師にとっても必須の時代となりました。私も動画コンテンツをYouTubeにアップしていますから、探してみてください。

エージェントとの具体的な連携

エージェントへの登録後は、およそこんな順番で講師への仕事が発生する仕組みです。

表5 エージェント登録〜登録後の流れ

動き	エージェント担当者	講　師
①審査	エージェントの指定する時間と内容を講師に伝え、審査をする人と会場を用意	エージェントの担当者に気に入ってもらえるプレゼンの実施
②契約条件の確認・決定	講師と面談の上条件を提示し、契約書を用意します	講師料や諸条件を確認し調印します
③企業訪問	取引先あるいは新規開拓をした企業に講師のプロフィールなどを持ち込んで提案をします	企業が望めば、担当者と一緒に企業に挨拶に行く場合もあります
④交渉・提案	テーマの提案や企業のリクエストを確認し、適切な講師を提案します。 また、研修日程や講師料などの提示をし、条件折衝をします	担当者の依頼を受け、交渉に使うプロフィールやカリキュラムや提案書を作成し、期日までに送ります
⑤日程仮押さえ	研修候補日を企業からいただき、講師の日程を仮押さえします	間違いのないように、メール記録を残したり、手帳に仮予約を記入します
⑥講師の提示	企業のリクエストや条件に合った講師を決定して提示します	

動き	エージェント担当者	講　師
⑦受注	正式決定後に、講師に日程確定の連絡をします	承諾であれば、スケジュールに正式決定を書き込みます
⑧正式依頼	講師に文書またはメールで正式に依頼をします。内容は、 •発注企業名 •研修日程、テーマ、対象、時間 •レジュメ締め切り •会場住所 •宿泊ホテル などの情報を届けます	依頼文書を保管し、ダブルブッキングや日程忘れがないようにし、研修レジュメ等の資料を作成します。通常は研修の1週間〜2週間前までにメールで送付をします。その際に会場に準備して、欲しい設備（ホワイトボードやレイアウト）を伝えます
⑨研修当日	ホテルや待ち合わせ場所まで講師を迎えに行き、会場まで連れて行きます	時間厳守で待ち合わせ場所に行きます。会場に着いたら企業の担当者と挨拶をして研修準備に入ります
⑩終了後	企業に、お礼訪問や電話連絡をします	担当者に終了報告を行い、請求書の発行や企業によっては研修報告書を作成して提出します

エージェントを選ぶときのポイント

まずは、あなたが得意とするテーマや業界、ジャンルとエージェントの「需要」が合っているどうかを確認します。エージェントの公式サイトに、どんなテーマの研修をしているかなどの情報は載っているので、必ずチェックしましょう。たとえば、私は金融業界が主戦場なので、どんな企業にでも対応しているエージェントより、金融機関に特化して入り込んでいるエージェントの方が強みを発揮できます。なので、最初に金融業界に講師派遣をしているエージェントを検索します。「どんな企業でもやります！」というより、「●●業界に強いです」という専門性を打ち出した方がエージェントは使いやすいようです。

また、電話やアポイントを取って直接担当者と会えるときは、以下のことを聴いておくといいでしょう。

- どんな業界に強いのか
- どういった講師が欲しいのか？
- どんなテーマの研修が多いのか
- 今後増えると思われるテーマは何か
- 登録に当たっては、どんなステップを踏むのか
- 他のエージェントに登録をしても問題ないか

エージェントは、すでにテーマが被る講師を多く抱えているものですが、だからといってダメということはありません。新入社員研修の時期などは、同じコンテンツができる講師が何人いてもいいというところがあるし、同じテーマでも、講師の年齢や性別や経歴などバラエティ豊富に抱えていたいというエージェントもあります。

そして自分の希望として、

- 最も得意なテーマ、階層
- ほしい講師料
- 希望年間研修数（あくまで希望）
- 回れる地域（関東近辺、全国どこでもOK等）

くらいは用意しておきましょう。エージェントの方からもいろいろと質問があると思うので正直に意見交換をすることは大切です。そういったやりとりの中でも、担当者は既存の登録講師と比べて、人柄やマナー、能力などを吟味しているものです。

基本的に知名度がない講師は、大手のエージェントは避けた方がよいと思います。大手エージェントになると、公式サイトにテレビで見かける有名人や著名人ばかりを載せて、講師料も50万円から200万円などと書いてあるのでうっかり憧れてしまいますが、仮にサイトに掲載されたとしても、まず仕事はやってきません。

そういう大手エージェントを利用する企業は、特別なイベントやパーティーなどに基調講演等で呼ぶ講師を探して検索をするので、企業は講師の固有名詞を決めてから検索をする場合が多いからです。

最近は、個人が運営しているエージェントも増えましたし、講師の知名度よりも、「この研修テーマができる講師を探しています！」というサイトも頻繁に見かけるようになりましたのでチャンスは多くあります。

質の高い研修講師は常に不足しているのですから、まずは自分と相性のよさそうな、一緒に仕事を続けていけそうなエージェントとつながれるように動いてください。

企業が嫌う講師

研修講師への評価は、アンケートよりも、次回リピートされるかどうかでわかります。担当者や役員の人事異動のタイミングでリピートを切られるということはよくありますが、年に何件かは、企業から「この講師はもう使いたくない」「もっと他によい講師はいませんか？」と言われてしまったという怖い話を、エージェントから耳にすることがあります。エージェントも、そういった評判の講師の情報は仲間と共有するため、ダメ講師の烙印を押された講師はどんどん仕事がなくなっていきます。

しかし、エージェントは「あなたのここが悪かったからもう使わない」という企業の言葉を届けないので、「なぜ、最近仕事が来ないのだろうか」と悩んだ挙げ句、エージェントに「もっと仕事をよこせ」と文句を言って、さらに仕事が来なくなってしまった講師もいるのです。

企業研修におけるリピートの有無は、主に受講生のアンケートかオブザーブしている研修担当者の評価を基にニーズと予算で決まります。受講生は記名式のアンケートにそうそう悪いことは書けないものですから、仕事がなくなる講師の多くは研修担当者の逆鱗に触れてしまったのでしょう。企業の研修担当者にお聞きした「次からは遠慮したい講師」の特徴は以下の通りです。

- 受講生に偉そう
- 逆に謙遜しすぎて頼りない
- 服装が企業向けではない（あきらかに私服やだらしない）
- 覇気がなく具合が悪そう
- 毎回まったく同じ話でブラッシュアップしない
- 話が長い、面白くなくて寝ている人が多い
- 受講生の課題に共感しない
- 寝ている人に怒る
- 受講生の発言を否定する

- 態度や言葉遣いが悪い
- 他企業や他人の悪口を言う
- さまざまな価値観がある事柄について断定的に話す
- ジェンダー差別発言や下ネタを言う
- 休憩時間にどこかに行ってしまう
- 間違ったデータや知識を使っている
- 決められた研修時間を守れない

講師の中には、「盛り上がっているんだから、少しぐらい時間が延びてもいいだろう」と考える人もいますが、研修時間を守らない講師は嫌われます。企業研修は、研修の後にも連絡事項や次の研修が控えていることが多いので、伸びてしまうことは絶対にやめましょう。企業によっては、1分延びたことで出入り禁止になった講師もいます。時間は、講師の腕時計ではなく、会場の時計を基準にします。会場によっては、正確な時間ではない時間を指している時計もありますが、あまりに違う場合は直しましょう。また、研修は早く終わりすぎてもいけません。以前私がオブザーブした講師が、時間を読み間違えたのか、20分も早く終わってしまったことがありました。そして、その時に言ったのが「研修なんてものはつまらんでしょうから、早く終わった方がいいですよね」という言葉でした。もうこの講師は、二度と呼ばれることはないと思います。

こうしてみると、研修内容や話し方もさることながら、多くは「人としてダメだ」というレッテルを貼られている場合が多いようです。講師は、受講生の上司ではありませんし、受講生は講師の弟子ではありません。年齢を重ねていることや経験値が高いことが、相手を格下に見てよい理由にはなりません。私も研修で、乗りに乗ってどんどんしゃべっているうちに、「あ、今日の雰囲気ならこの話も許されるかも」などと、自分の中で発言の許容量を勝手に増やしてしまうことがありますが、失言を招くことになるので気を引き締めたいと思います。

エージェントが嫌う講師

研修講師にとって、お客様とはいったい誰でしょうか。企業だけではなく、実はエージェントとその担当者もお客様なのだということを忘れてはいけません。ところが、何を勘違いしたのか、担当者に対して偉そうに振る舞ってしまう講師がいるのは困ったことです。複数の担当者に、「人柄はよいけれど、研修はイマイチな講師と研修はピカイチだけど、人として好きになれない講師だったらどっちを使いますか?」という質問をしたところ、全員が口を揃えて「前者」と答えました。研修は、やっていくうちに上手くなりますが、人柄は治らないからというのがその理由です。担当者も人間ですから、電話連絡やメールをしたときにぞんざいに扱われたり、傷つくことを言われるようであれば、その後は近寄らなくなるのは当然のことです。

エージェントが使いたくない講師とは、具体的にはこんな講師です。

- 担当者によって態度を変える
- エージェントの注文に協力しない
- 予約したホテルに文句をつける
- 連絡が取れない、返信が極端に遅い
- 忘れっぽい
- 鞄を持たせたり荷物を運ばせる
- 講師料を勝手に値上げしてくる
- 「なんで仕事を入れてくれないの？」と文句を言ってくる

もしあなたが接客業だった場合、お客様に文句を言ったり返事をしなかったり、依頼をむげに断ったりするでしょうか。講師の心にどこか、「自分の講師料から給料をもらっているくせに」、「若造のクセに」などという気持ちがあれば、それは間違っていると言わざるを得ません。研修エージェントは、講師のお客様であり協力者であるということを心に刻んでおきましょう。

企業やエージェントの評価を上げるために

エージェントや企業、そして受講生からの評価が高い講師の特徴についても、企業担当者やエージェントにインタビューをしたので書いておきます。

- 「来てよかった」「明日からやってみよう」という学びが多い
- 最初と最後で明らかに意欲や行動が変化した
- いろいろなテーマの研修リクエストに快く承諾をしてくれる
- メールや電話連絡時のレスポンスが速い
- エージェントの相談に乗ってくれる
- 依頼した以上のことをしてくれる
- 毎回ブラッシュアップした研修をやってくれる

等々が挙がりました。企業研修というものは、基本的に「仕事が忙しいのに、こんな研修に呼ばれて迷惑だ」という方が多く、積極姿勢で受講する人は少ないという話はすでに書きました。そのため、集合時には会場が重苦しい雰囲気で満たされていることが普通です。しかし、夕方になったら朝とは打って変わって盛り上がっていたとなれば、研修担当者はその変化に驚いてくれます。「すごいですね、先生！　人ってこんなに変わるんですね」と言われる講師は次も必ずリピートされるでしょう。

エージェントにとって、連絡を入れるとすぐに返信してくれる講師は安心です。企業と折衝事があるため、すぐに返信をもらいたいときに連絡がつかない人はチャンスを逃します（研修中かどうかは、エージェントがスケジュールを把握している場合はわかります）。また、研修中の場合、昼休みにはメールチェックを欠かさずやり、留守番電話があればなるべく早く折り返しましょう。

私が心がけていることは、「え、そこまでやってくれるのですか？」と言われるような行動です。

たとえば、私は休憩時間や昼休みに受講生からお悩み相談を受けることがあります。受講生は、勇気を持って講師のところに来てくれたのに対応をしない講師になってはいけません。その時間では無理でも、終了後や、メールを教えるなどして相談に乗ることをよくやっています。もちろんこれらは、企業の担当者に断ってからやらなければいけません。エージェントによっては、企業へのお礼葉書を送ることすら禁止している所もあるようですので、ルールは遵守してください。

ただ、研修担当者が「そこまでしてくれるんですか」と驚いてくれるような行動を心がけていけば、今後もご縁につながっていくことが多くなるのです。

他にも、エージェントや研修担当者と昼食を食べているときに、エージェントの代わりに提案営業をしてあげることもします。「全国を回っていると、●年目の社員に●●という課題が多く見られるんですが、御社はいかがですか？」、「その階層にこんなことをしてみたらどうでしょうか」などの話題を振ってあげるのです。

研修担当者も、自分の上司に研修スケジュールの提案をする際の切り口を探していることも多いため、講師から今後の研修提案をすると新しい展開になることがあります（「私を使ってください」は言いません）。

結果的には評価を上げたり、リピートされるための行動ではありますが、根底にあるのは企業やエージェントのために、そして受講生のために何ができるのかと考えて行動、発言をしていけば、それは必ず伝わるということです。

それは、別にギブアンドテイクを求めるのではなく、純粋にご縁があった企業の課題解決に寄与できれば自分もうれしいというスタンスでいいと思います。リピートが多い講師になるということは受講生の変化を促し、研修担当者のお悩みに解決策を示唆し、エージェントに頼られる存在になるということなのです。

あなたは4章を読んでどんな学びがありましたか？

4章の学び

研修エージェントに登録をしよう

リピートされる為の行動を理解し心がけよう

5章

企業研修コンテンツを作る

企業研修講師が、企業とエージェントの期待に応え、受講生の学習効果と研修転移を推進していく中で、研修講師は3つの能力を高めていく必要があります。それが、

❶ コンテンツデザインスキル
❷ デリバリースキル
❸ ファシリテーションスキル

です。❷のデリバリースキルは、いかにして研修内容を受講生に届けるのかという「伝える」スキルで、❸のファシリテーションスキルは受講生を巻き込んで意欲を高め、学習効果を高めていく研修の「回し」を意味します。この二つを解説した講師養成本は数多く出ているし、セミナーもたくさん開催されているので本章では、❶のコンテンツデザインについてお話をしておこうと思います。

一定水準の講師料をいただけるだけの付加価値を持つ講師になりたければ、研修会社や研修エージェントや誰か他人が作ったテンプレートのようなコンテンツ（以下テンプレートコンテンツ）を消化するだけの講師ではなく、今まさに現場で起きている課題を解決するための講師自身の考えやスキルが入ったコンテンツ（以下、オリジナルコンテンツ）を持っておくことが必須となります。

そもそも「コンテンツとは何なのか」という話ですが、「コンテンツ（contents）」とは、国語辞典の大辞林によれば、「中身、情報の内容。放送やネットワークで提供される動画・音声・

テキストなどの情報の内容」とありました（コンテンツの対義語は「形式（form）」と呼ばれます）。

つまり、研修におけるコンテンツとは、テーマやタイトル、スライドやレジュメなどの資料も含む、どんな学びが得られるのか？　という講師のメソッドが詰まった中身全般のことを指します。この章では、お呼びがかかる研修コンテンツの特徴やプロフィールの作り方の基本などを押さえておきます。

研修講師はオリジナルを持つ

エージェントや研修会社は、常に頭の中に講師の固有名詞を持っています。「ああ、この案件ならこの先生だな」、「このテーマならあの先生ができるって前に言っていたな」など、常に講師と企業を結びつけるように考えています。

したがって、エージェントの担当者の頭の中に記憶をしてもらうということは、企業研修の依頼をいただく上で重要な要素になります。担当者によって、求める講師は違いますが、共通しているのは、ジャンルやテーマ、経歴や性別、年齢に至るまで、できる限り、「これまで自分の所にいなかった講師」「収益の柱となりそうなジャンルの講師」などを探しているということです。

講師と担当者の相性もあって、必ずしも実力＝依頼とならない場合もありますが、担当者に「●●と言ったらこの講師」と思われるためにも、オリジナルコンテンツを持っておくことは必要です。歌手で言えば、ヒット曲をもらえるのを待つ歌手より、シンガーソングライターの方が自由な活動ができます。漫才コンビで言えば、ネタが書ける人の方がピンで活躍できる可能性が高くなります。さらには、台本通りにしゃべる人よりも、アドリブがきくタレントの方が芸能人生の寿命が長くなります。

コンテンツを持たない講師の方が多い

私も講師になるまでは、コンテンツはオリジナルが当たり前と思っていたのですが、自分のコンテンツを持たずに仕事をしている講師も結構な数いらっしゃることを知り驚きました。講師をコンテンツの有無で分類すると、次のようになります。

❶ 自分のオリジナルコンテンツを持っている
❷ コンテンツ制作者や協会が発行する認定資格を取り、使用許諾を受けたコンテンツを使っている
❸ コンテンツも認定もなく、研修エージェントや研修会社が用意したコンテンツを行なって

なっている
❹コンテンツを買い取ったり、引退した講師の後継者としてコンテンツを所有している

数的には❶が一番少なく、❷と❸の講師が多いようです。理由はオリジナルを作るのが難しいことの他に、「大量の社員に一気に研修をしたい時に役立つから」ということ、「日程が重なった時に他の講師でもいいからやってもらいたい」といった需要があるからです。

大企業クラスは、新入社員が数百名から千名を超す企業もありますから、同時に同じ研修を受けさせることができた方が日程を取りやすくなるし、企業が押さえたい研修日程は結構な確率で被りますから、目当ての講師が空いていない時は、他の講師でもいいので、同じコンテンツで研修ができる人を探すことになります。

研修会社が用意したコンテンツをやることは楽である反面、自由がきかないことに加え、1研修あたりの講師料が2万円～5万円と安くなってしまう傾向があります。

コンテンツを持たない講師はとにかくたくさん登壇をしないと生活できませんから、体力的にキツくなっていき、そしてもっと安価で引き受ける講師が現われれば、仕事を奪われてしまう可能性があることはネックになります。

❷については、人気資格であればあるほどライバルは多くなるのと、認定資格の中には企業研修のテーマにはそぐわないものもあるので、あくまでも企業研修で必要とされるテーマに近

い資格であることが大切です。

❸の、エージェントがコンテンツを用意して、講師にトレーニングを受けさせてから企業に派遣するこの方式は、エージェントにとってメリットがあります。それは、

a：金太郎飴のように、誰がやっても同じ研修なので、同時に大量の人数を受講させられる

b：講師に払う講師料が安くすむ

c：内容を事前にチェックできるので、講師の質によるトラブルが回避できる

ということです。しかし、❷、❸、❹はいずれの場合も、時代とともに企業の課題や求められるものが多様化し、変化が大きくなる時代においては、そのコンテンツを長く続けられる保障はどこにもありません。やはり自分で作り上げて、自由にカスタマイズできるオリジナルコンテンツの開発を目指して下さい。

初心者はいきなりスライドを作り始めない

ある講師の方から、「白戸さんは、どうやってコンテンツを作っているの？」と聞かれたので、「そうですね、頭の中に研修のゴールとテーマを置いたら後はスライドを作りながら考えていきますね」と言ったら、ひどく驚かれました。

「え、白戸さんはインストラクショナルデザインはしないの？」と言うのです。インストラク

ショナルデザインとは、要するに「設計図は書かないの?」と聞かれたということです。洋服であれば、デザイン画を起こします。家であれば設計図を引くし、本であれば目次作りからスタートするという意味です。しかし私は、「プロの料理人は頭の中にレシピがあって、気温や素材の鮮度によって調理時間や味付けを変えるように、コンテンツというものは時代や企業のお悩みや目の前の受講生によって適宜変えていくもの」と思っていました。

いわゆる「職人の勘」というやつですが、それができる方は意外と少なく、やはり初心者の方には、「レシピ」は必要ではないかと思うようになりました。あらためて設計図の作り方をご紹介していきます。

研修タイトルを決める

まず、コンテンツをどう作るかで悩む前に、あなたが研修講師として「この悩みなら解決できる」、もしくは「このテーマについて伝えたい」というものを決めましょう。以下の**表6**の中に、代表的な企業研修テーマと階層、企業が解決したいと思っている課題の目安をお示ししますので、まずはあなたがやれること、やりたいことがあるかどうか見て下さい。(階層や担当は企業によっても異なりますので、あくまでも目安)

テーマ	階層・担当	解決したい課題
プレゼン力向上	1年目〜	• 説明力が弱い • 何を言っているのかわからない • 資料作りが下手
OJT、トレーナー力	2年目 〜10年目	• 後輩の悩みを聞き出せない • 後輩の強みを伸ばせない • 後輩とどう関わっていいのかわからない
マネジメント、リーダーシップ、部下の生産性向上、褒め方 メンタルヘルス	役職者、 管理職層	• 部下が辞める、反抗する • 自分が育てられた方法では通用しない • パワハラと言われるのが怖くて踏み込んだ指導ができない • 働き方改革で指導時間がない
コーチング、面談力	役職者、 管理職層	• 指示命令が多い • 部下を動かせない • 部下の心に火をつけられない • 上司が質問を作れない • 話を聞くことができない
セールススキル 接客、接遇、CS、 ホスピタリティ	営業担当者 窓口担当者	• 数字が上がらない、営業が嫌い • 昔の営業方法が通用しない、できない • お客様の抵抗を突破できない • 活動量が下がっている • お客様とどう接して良いかわからない • 顧客満足を上げる方法がわからない

表6 主な研修テーマ例

テーマ	階層・担当	解決したい課題
社会人としての振るまい（マナー、コミュニケーション）	新入社員	• 学生時代と社会人生活とのギャップの解消 • 社会人として仕事をする上での不安解消
コミュニケーション • 話す、聞く、質問する、伝える • アサーティブネス • 交渉力 • 雑談力	1年目～5年目 窓口担当者 営業担当者	• 意見を主張しない、できない • 指示待ちになっている • 自分で考えない • 年配者と話が続かない • ものの言い方の引き出しが少ない
（セルフ）モチベーション、マインドアップ、レジリエンス、セルフメンタルヘルス	1年目～	• 打たれ弱い、すぐにへこむ • モチベーションが上がらない • 粘り強さ、ハングリーさがない
チームワーク	全階層	• 他の係と連携しない • 組織が暗い • 仲間の力を借りることができない
キャリア、女性活躍 ダイバーシティ ワークライフバランス	3年目～	• 将来に不安を感じる • 成長実感がない • 組織に貢献できていない • 育児をしながら働くコツを知りたい
ロジカルシンキング	1年目～	• 物事を深く考えられない • 思考力が弱い
仕事力向上	1年目～	• 優先順位がつけられない • 業務のスピードが遅い • 自分で仕事を作ることができない • 整理整頓、片付けができない

研修ゴール（ビフォー＆アフター）を決める

研修テーマを絞れたら、「研修のゴール」を決めましょう。企業研修の本当のゴールとは、「現場で実践されること」「受講生の課題が解決されること」と繰り返し述べてきましたが、実際の課題解決は現場に戻ってから研修転移によって成し遂げられるものであるため、ここでは、

「研修終了後にどんな学びを持ち帰ってもらいたいのか」

「受講生にどんな姿になっていてほしいのか」

「現場に戻ってから、どんなことを実践して欲しいのか」

などを決めることを言います。「何を教えるのか」や「どんな手段を使って伝えるのか」、「どんなワークを行うのか」などは、ゴールに向かう方法でしかありません。

「営業への不安を感じているだろうから、明日から外に出るのが楽しみになってもらおう」

「仕事に対する意欲が落ちているだろうから、入社前の新鮮な気持ちに戻ってもらおう」など、まずは、研修前と後の受講生の状態を想像することです。

カリキュラムを作る

研修テーマとゴールが決まったら、カリキュラムを作りましょう。カリキュラムとは、どん

な内容の研修になるのか、をA4一枚程度にまとめたもので、コンテンツづくり以外にも、研修エージェントが企業への営業時に資料として使うものです（カリキュラムの書式は研修エージェントによって違う）。時間以外にも効果や狙い、講師の動きまでを詳細に記入する書式もあるので、エージェントからひな形や記入見本をいただいて作成してください。カリキュラムイメージとはこんな感じです。

株式会社○○様「セールスコミュニケーション研修」カリキュラム（案）
講　師：白戸　三四郎　氏（㈱ウィンケスト 代表）
時　間：1日（7時間）
対　象：営業職未経験者～中級
ねらい：お客様に信頼され、地域貢献をはたせる人材を育成するためには、具体的な商品説明の前段階の能動的かつ効果的なコミュニケーション力の習得が欠かせません。本講座では、さまざまなワークによって受講生のアウトプットを促進することで、セールスへの不安を払しょくするマインドや観察・質問のスキルを効果的に学び、自分自身の心とも向き合っていただく時間を創ります。

1. オリエンテーション

9：00～9：30

- グランドルール
- アイスブレイク
- 講師自己紹介

2. マインドセット

- なぜ今、セールスコミュニケーションなのか

9：30～10：00

- 現在抱える不安の棚卸と営業への不安

休憩10分

- 営業がうまくいく3つの要素とは

10：10～11：00

- お客様の心をつかむ3つのコツとは
- 営業活動を体系的に俯瞰する

休憩10分

3. お客さまと「信頼関係」を築く

11：10～12：00

- キーワードは安心と返報
- もっとも簡単な人間関係作りの法則
- 有能性の証明と共感欲求

昼休み60分

4．人が動く原理原則　13：00～14：30
●相手が動くトークと動かないトークの違いとは
●物事の両面を見つける
●相手を動かすワーク

休憩10分

5．質問力を鍛える　14：40～15：50
●クローズドクエスチョンとオープンクエスチョン
●お客様との雑談を本題につなげるには

休憩10分

●本音を知る質問力　16：00～16：45
●断りに強くなる質問力

まとめ、質疑応答　～AI時代を生き抜くために～　16：45～17：00

閉　講

※　講義の内容につきましては、変更の可能性があることをご承知おきください。

私の研修カリキュラムには、アイスブレイクやツカミ、ディスカッション、ワークなどの記載はありません。実際の研修では、それらを入れていますが、カリキュラムはあくまでも、企業のニーズとマッチしているかどうかということと、内容に違和感（ズレやレベル感）がないかを見ていただくものと考えています。慣れないうちはカリキュラムを作ることで研修全体を俯瞰し、イメージを固めてからコンテンツ作りをしてください。

カリキュラムは増えていく

エージェントが、企業にカリキュラムを提出する際のルートは2種類あります。ひとつは、エージェントから企業にカリキュラムを提示して、「こんな研修がありますが、御社でやってみませんか？」という営業用の資料。いわゆる、本の目次や商品パンフレットのようなものです。そしてもうひとつは、エージェントが企業と打ち合わせをした結果、選定した研修講師に、「企業から、●●という研修のリクエストをいただいたのですが、それに見合ったカリキュラムを作成してくれますか？」と依頼するテーラーメードのカリキュラムです。

私は、いくつか汎用のカリキュラムをエージェントに渡していて、それを元に営業をかけてもらっていますが、その話の中で企業側から「この研修もいいですが、最近は現場で●●という課題が出ていましてねえ。この講師は、それも対応していただける人でしょうか？」と言われることが多くなってきました。エージェントから、「カリキュラムは作れますか？」と言われたら、よほど専門外でない限り、返事はもちろん「YES」しかありません。そしてその後に必死に調べて自分なりのカリキュラムを作るのです。面白いもので、私もセールスから始まって「白戸さんの他の研修も受けたいです。○○の研修はできますか?」と言われ続けた結果、今では20近くのカリキュラムを持ち、依頼いただくようになりました。企業からのリクエストは講師の引き出しを増やし、能力を引き上げてくれるありがたい宿題なのです。

コンテンツが作れない講師

カリキュラムができたら、いよいよコンテンツです。しかし、講師を志している人に話を聞くと、結構な数の方が「コンテンツを創るのは難しい」「自分で創ってはみたものの、何かしっくりこない」「作りたいのは山々なのだが自信がない」「アンケートがいつも〝普通〟に○をされるので、よいコンテンツを作りたい」という方が多いのです。どうやらコンテンツづくりは、多くの研修講師にとって大きな壁であるようです。

コンテンツを作れないという講師の方は、主に次の3つの原因が考えられます。

❶ コンテンツの構成や仕組みがわかっていない
❷ 課題解決をするための引き出しが少ない
❸ 研修をファシリテートする対応力がない

どういうことか、ひとつずつ見ていきましょう。

コンテンツの構成や仕組みがわかっていない

コンテンツの基本構成がわかれば、後はそこにご自分の考えや体験、メソッドを入れ込むことになります。1日研修でしたら、次のような構成が基本ではないでしょうか。

❶講師挨拶、自己紹介
❷オリエンテーション（研修の進め方やタイムスケジュール、会場での決まり事などのグランドルールの説明）
❸研修テーマと概要の説明（今日は何を目的とした研修なのか）
❹研修の目的と背景、ゴール（どんな問題意識があるのか、何を持ち帰ってほしいのか）
❺受講生側の緊張をほぐす（アイスブレイク、ディスカッションなど）
❻受講生側の問題意識の醸成（ディスカッション、できないことを体感させるワークなど）
❼受講生のトレーニング（各スキルの解説、体感ワーク、事例、物語）
❽エンディング（今日一日の振り返り、行動のアウトプット）

❾ 質疑応答

課題解決のための引き出しが少ない

たとえば、新入社員向けの1日研修で「コミュニケーション研修」という依頼があったとしましょう。課題は、「学生気分の新入社員に対して、社会人としての自覚と基本的なコミュニケーションスキルを身につけさせたい」というもので、研修のゴールは「聴く、質問する、伝える、の3つを職場に戻っても行なえる」ことだとします。その場合、講師は最低でも次のような準備をしておくことが必要となります。

- 受講生の緊張をほぐすアイスブレイクの方法
- コミュニケーションとは何か？　という定義
- なぜ、コミュニケーションを学ぶ必要があるのか？　という理由、背景
- 学生と社会人のコミュニケーションの違いとは？
- 「聞く」と「聴く」の違い、習得方法、実践ワーク
- 「伝える」を体感させる実践ワーク
- 「質問」に関する知識（よい質問、悪い質問、事例）
- 受講生に質問の効果を体感させる質問力

・職場で使う場合の事例、コツの解説
・研修のまとめ（その日持ち帰ってほしいことは何か？）

書こうと思えばまだまだありますが、ひとつのコンテンツのテーマに関する知識とワーク、事例がどれだけ出せるのかを書き出してみることで、そのテーマの研修ができるのかどうかが、ある程度わかります。

研修における対応力がない

講師に、知識や引き出しや構成への理解があっても、最終的に、研修を回して受講生を巻き込みながら学びの場を作っていくためのファシリテーション力が低ければ、受講生は研修に対して自発的に参加をしようとはしません。たとえばあなたは、次のようなスキルを持っているでしょうか。

・質問力（ディスカッションや受講生との対話を促進する）
・ファシリテーション力（受講生の意見を、他の受講生の学びとしたり、研修のテーマとつなげていく力）
・伝達力（相手が惹き込まれる話し方、振る舞い、テンション）
・演技力（知識をイメージさせる物語を、臨場感溢れる一人芝居で伝える力）

- 承認力（受講生の答えを懐深く受け止める力）
- 包括力（受講生の答えを、わかりやすくまとめて場に戻す力）
- 断定力（結論を力強く、短くわかりやすい言葉で腹落ちさせる力）
- 対応力（時間や人の出入り、受講態度などを把握し、こちらの思惑と違っていた場合に速やかに対応して研修進行をする力）

初心者の方は、これらすべてを持っていなくてもいいのですが、もし自信がないスキルがあれば自分で勉強を重ねたり、講師養成講座などに出かけてフィードバックをもらうなど、習得のために継続的な努力を続けていきましょう。

私も、デビュー当時のことを思い出すと、赤面するような対応をしていたことが思い出されます。これらを意識して場数を踏んでいくことで、スキルや引き出しは必ず増えていくし、将来において過去の自分に感謝をするようになるでしょう。

よりよいコンテンツにするために

講師は、前述のようなスキルをブラッシュアップさせる必要があるとともに、コンテンツに対して、より深い学びのために付加価値を提供するよう心掛けます。

❶「今の時代に、なぜこの研修をやるのか？」を伝える

研修を成功させるには、早い段階で受講生の心に生まれている警戒心と反発心を払拭しなければなりません。そのためには、「なぜ今、この研修をするのか？」という背景と理由を伝えて共感をしてもらうことです。たとえば私が、リーダーシップ研修でお伝えしていることは、

「これまでのリーダーシップの定義が役に立たない時代になりました」

「未来に不安を感じている若手が増えています」

「自分たちが育ってきたようなマネジメントでは、部下を育てられない時代になりましたね」

「転職市場が活況で、人工知能と共存しながら仕事をしていくこの時代に、部下にどんなスキルを身につけさせることがリーダーの役割だと思いますか？」

といった投げかけをして、リーダーのみなさんにディスカッションをしていただきます。すると、明確な答えがない投げかけのため、リーダーの心の中には「これは知っておいた方がいいかもな」「みんなはどう考えているんだろう」という疑問が湧くことで、研修に対する反発が意欲に変わっていきます。

キャリアでも女性活躍でも、モチベーションでもすべてに言えることですが、これから来る時代に備えなければいけないから、今日ここにわざわざ集まってもらってるんだ、ということを伝えると、みなさん納得してくれることが多くなります。

❷ 定義を聞いてから伝える

成人学習モデルを使うのであれば、講師が定義を最初に説明するのではなく、テーマに使われている言葉の「定義」について受講生に考えてもらい、ゴールを共有することを行ないます。

「みなさん、コミュニケーションってそもそもなんですか？」

「マネジメントとは、何をどうすることでしょうか？」

「リーダーを定義してください」

「キャリアアップとは、何がどうなることを言うのですか？」

そういった定義を聞くことで、「えっ、そんなこと今まで考えたこともなかった」という気づきが生まれます。気づきが生まれれば、テーマに対する興味が湧いてきますから、研修に意欲的になっていくのです。

受講生に考えていただいたら、講師も自分なりの考えを述べます。講師の答えが正解ではないのですが、できれば受講生が、「ああ、なるほど」と思ってくれるような答えができると、研修をコントロールしやすくなるでしょう。コツは、「今の時代に合った定義」にすることです。

たとえば、「人工知能時代においてコミュニケーションは、単なる知識や情報の伝達手段ではなく、相手の心理に働きかけて人を動かせることが、生き残りのために必要となります」と定義をすれば、その研修はＡＩと共存していくための、「コミュニケーションを使って仲間や相手を動かしていく技術を学ぶ」というゴールができ上がります。

時代背景と未来に待ちうけるであろう課題に対応していくための定義をみんなで考えることによって、受講生はよりアンテナが高く伸びることになります。

❸ うまくできないことを体験させる

受講生の興味を惹き、ゴールの共有ができたら、次は「自分事」にすることです。定義が決まったら、「では、みなさん、人に記憶されるにはどんなことをすればよいでしょうか?」とか「人を動かせる人の特徴を3つ挙げてください」などのディスカッションに進みます。

講師が、すぐに技術や方法を伝えるのではなく、「自分事」として研修に参加させるためには、自分の体験や知識をテーブルに出し合ってもらうことが必要となります。そのときに、うまく思考がまとまらずに言語化できなかったり、ワークやゲームやクイズをさせて、うまくできないということを経験させることができたら、「知りたい」、「身につけたい」という学ぶ意欲が湧いてきます。

その時に気をつけることは、できないことが恥ずかしいことだと感じさせないことです。講師が、「私もできませんでした」「この部分は、なかなか気がつくことができませんよね」などと言うことで、受講生のプライドを傷つけずにすみます。その後は、段階的に上達を体感させていきます。

たとえば記憶だったら、最初はうまく記憶できないような問題を出して失敗をさせた後に、仲間で「どうしたら、次はより効果的に記憶することができますか?」という課題の克服アイディアを考えさせるのです。そのアイディアを実践してみたら、さっきより成績がよかったとなれば効力感が増してきます。正解率が上がるとチャレンジ意欲が湧くので、また研修に入り込んでくれます。そして、「できない」から「できる」を経験させることで、こちらの言葉が届くようになるのです。

これらをやらずに、「よいコミュニケーションとは、まず相手の目を見ることで……」とか、「あいづちとうなずきを使いましょう」などの、基礎中の基礎を講師が一所懸命説明しても、受講生に「そんなことは知ってるよ」と思ってしまわれては、研修はうまく回っていかないでしょう。人の興味を維持して惹きつけるためには、「わかっていたつもりだったけど、できなかった」という、自分は習得していなかったということを自分で発見してもらう必要があります。

❹ 〝なるほど〟を作る

ここまでのプロセスを経過できれば、受講生の心の中には「何だか面白いぞ」「次はどんなことが待っているんだ?」といった、わくわく感が醸成されていきます。そうなったら、「さあ、みなさん。今日はこれから、人を動かすための5つのコツをお伝えしますね」というようなことを伝えていきます。別に5つでなくてもいいのですが、スキルはあまり多いと消化しきれないし、少ないと物足りないものです。

だから、3～5つくらいは、「明日からやってみよう！」と思ってもらえるようなスキルを仕入れておくことは必要です。それをどうやって仕入れるか、ですが、一番手っ取り早いのは、セミナーに参加して自分が面白いと体感したスキルや技術をストックしておくことです。

自分が体感したものが多い人ほど引き出しが増えますが、これをクオリア（感覚質）と呼びます。自分の伝えたいことに臨場感を与えるにはクオリアを鍛えることが大切です。漫才を見たことがない人が漫才の台本を書くことはできないし、他人のスキルや情報に「なるほど！」と感嘆しない人が、人を感嘆させることは難しいでしょう

次に、とにかく本をたくさん読んでください。私は、新規のテーマをもらうとビジネス書を5～10冊くらいは読むことにしています。そのうえで、自分の体験で語れるスキルや、現場で共感が得られそうなエピソードを作っていくことになります。今日の受講生が抱える課題に向き合える引き出しを渡すことができれば、必然的に満足度は高くなります。受講生の心に、「これならやれるかも！」「この観点には気がつかなかったな」という思いが増えると、研修に盛り上がりが見られます。それを感じた企業の研修担当者は、「ああ、みんな見違えるように元気になってくれた」「笑顔で帰ってくれた」という満足度とともに、「この講師にまた来年も頼もう」という心境になるのです。講師は受講生の「なるほど」を作り続ける努力を惜しんではいけません。

❺ 振り返らせる

そして、研修の最後にやることは、「今日、いろいろなことをやりましたが、明日から1つ実践できるとしたらそれは何ですか？　お隣の方とアウトプットをして下さい」、「今日の研修で、どんな気づきを得られましたか？」「今日1日で学んだことは何でしたか？」というディスカッションをさせることです。

講師の中には、「今日習ったことを、明日からひとつでもいいので実践してください」と言って締めくくる人がいるのですが、人は人から言われても実践しないものです。他人から「明日からやりましょう」と言われるより、自分でやれることを宣言をした方が実行をする可能性が高くなりますから、自分自身で言葉にして、隣の人に宣言をさせるのです。講師は最後に受講生に決意表明をさせると、研修の復習になったうえで締めやすくなります。

パワーポイントの枚数はどのくらい？

企業研修を行なうときは、大人数であるほどパワーポイントが役立ちますが、適正枚数というものはありません。今の私は、丸一日の研修であれば40枚前後でしょうか。デビュー時は、時間が余ってしまうのが怖くて100枚近く作っていましたが、徐々にファシリテーションできるようになり、受講生の意見や質問からその場でディスカッションを作り出せるようになると、スライド枚数はどんどん減っていきました。

講師初心者の方は、スライドに文字をたくさん書き込んでそれを読み上げていく人もいますが、受講生の方を向くより、スライドに向いている時間が長い講師は、受講生の気持ちが離れていきます。「このスライドは、どうしても必要だろうか？」「スライドがなくても問題はないか？」などの自問自答をしていき、枚数は極力減らしていきましょう。

企業研修のレイアウトやスタイルについて

コンテンツができ上がったら、そのコンテンツを実施するにあたって、最適な研修レイアウトは何か？　を考えていただきます。講師業をしている人でも、「みんな、企業研修でどんなレイアウトでやっているの？」「何か、決まったスタイルってあるの？」と聞いてこられる方がいらっしゃいます。何が一番正しいということはないのですが、代表的なレイアウトが3つあるのでご紹介します。

〈スクール形式〉

企業研修で、もっとも多く見られる形式です。学校教育の名残でしょうか、全員前方を向き、講師からの一方通行な情報を受け取る講義形式は、今でも企業研修の場に根強く残っています。

この形式のメリットは、千人単位の大人数にも対応できることです。デメリットはグループディスカッションがやりづらく、講師の話を聞く時間が長くなるので、講師の技量によっては寝かせてしまうことです。講師側によほど技量がない限り、スクール形式で長時間の研修を受講するのは苦痛です。ただ、どうしてもスクール形式でないとできない会場もあります。私も、会場に行ったら大学のような講堂で固定式の椅子だったことがあり、最初は焦りました。

しかし、固定式なのは椅子だけで人は動けるわけですから、隣だけでなく、後ろを振り向いてワークやディスカッションをしてもらったり、眠くなる午後は一斉にシャッフルする席替えを行なうなどして変化をつけて研修をしたところ、好評価をいただくことができました。スクール形式でも、動きや変化をつけることで学習効果を上げることはできるので、工夫しだいだと思います。

〈アイランド形式〉

島型とも言われるこの形式は、机を2本もしくは3本くっつけ「島」のように配置します。島型の人数は4人～6人座れるので、スクール形式よりは賑やかに進行することができます。島型のよいところは、受講生同士が自然と会話ができるため打ち解けやすいことです。一方デメリットは、1島の人数が多いとしゃべらない人が出るということです。1島に6人いると、そのうちしゃべっているのが2人とか3人で、あとの半分は誰かの話を聞いている時間が長くなります。そして、毎回発言をする人は同じになってくるので、話をしないことに慣れてしまうと、考えることを止めてしまい、学習効果も下がるということになります。後は、やはり1日研修だと席替えなどの変化が少ないので、後半にダレてくることが多くなるようです。

〈オンリーチェア形式〉

シアター形式と呼んだ方が一般的かもしれません。机を取り払い、椅子だけをランダムに置いた会場です。席は自由席にし、ディスカッション時は席を動かして周りの方と3人組を作らせるのが基本です。ペアだと、無口なもの同士が組むと意見交換にならなかったり、片方がトイレなどで離席してしまうことがあると独りになってしまいます。4人だと2対2に分かれて話し始めることも多いので、私は体験的に3人がもっともディスカッションには向いていると思います。私はほぼすべての研修をオンリーチェア形式で行なっています。やはり、学習のためには同じ場所、同じメンバーより、変化をつけていった方が学習効果は高いと感じています。

オンリーチェア形式のデメリットは、研修が始まるまでの心理的抵抗が大きいこととメモが取りにくいことです。受講生は、膝の上でメモを取ることに慣れていないので、できればクリップボードなどを用意するのがベストですが、それができない場合も、「メモが取りにくいのは承知の上でこの形にしています。講師の言うことを、一所懸命メモするのではなく、たくさんアウトプットをしていただく時間です」という説明をしておきます。

心理的抵抗に関しては、最初だけですぐに慣れます。特に後半になると、席替えを面白がって自分から動いてくれるようになります。私は、一時間ごとに席替えをしてどんどん交流をさせることをしますが、最初の席替えこそ戸惑いが見られるものの、2回目以降は替わるスピードも速くなり、こちらが何も言わなくても自発的にコミュニケーションが始まります。

オンリーチェア形式は、アイランドに比べてもしゃべる人数が増えるので眠くならないし、もっとも盛り上がるレイアウトです。席替えによって視野、視界が変わりますから、発想も変わってくることが期待できます。

〈オンリーチェア形式の進め方〉

基本的に、席は自由席にします。自由席にすることで、受講生が会場に入ってきてからどう行動するか、を後で研修の中に入れ込むことができるので観察をしておきましょう。会場に入ってきた受講生は、ほぼ100%後ろか後方の両サイドに座り、講師の正面は必ず空きます。受講生がどんどん入ってきて席が埋まってから、ようやく仕方なしに一番前に座る人が出ますが、本人は椅子を下げて講師から遠ざかったりします。机がないということは無防備な自分をさらけ出しますから、その人の警戒心を見て取ることができます。

その時にやってはいけないことが、「みなさん、前が空いていますからお詰めください」というアナウンスをすることです。自由席と言っているのだから、どこに座ってもいいのです。受講生の反発心を生み出してしまっては、研修がうまくスタートできなくなりますから、講師による強制は少なくしましょう。研修がスタートしてから、この席の意味を説明します。

「みなさん、この会場に入られて驚きましたよね。机がなくて自由席と言われると抵抗があったと思います。みなさんは、どうして今の席に座ったのですか？　後ろや横に座られた方は、きっとこれから何があるかわからないから、いったん遠巻きにして様子を見ようという心理が働いたのだと思います。今みなさんの心に生じている心理を〝防衛本能〟と言います」といった話から始めます。

そして「セールスをするときもお客様には、みなさんが今思っているように、不安や抵抗があります。部下も上司に呼ばれて正面に座るのは抵抗があります。その心理を体感してもらうために、このレイアウトにしました」という説明によって、研修の趣旨を理解していただきます。

私は、講師の自己紹介の前にアイスブレイクを行なうためこんなことを言います。

「周りの方に声をかけて3人一組を作ってください。しばらくお時間を差し上げますので、自己紹介と雑談をしてください」

オンリーチェアの場合は、机という安全柵がないため、他のレイアウトより緊張が高まります。そこで、講師の自己紹介やオリエンテーションの前にアイスブレイクを行ない、場を温め

図2 主な研修レイアウト

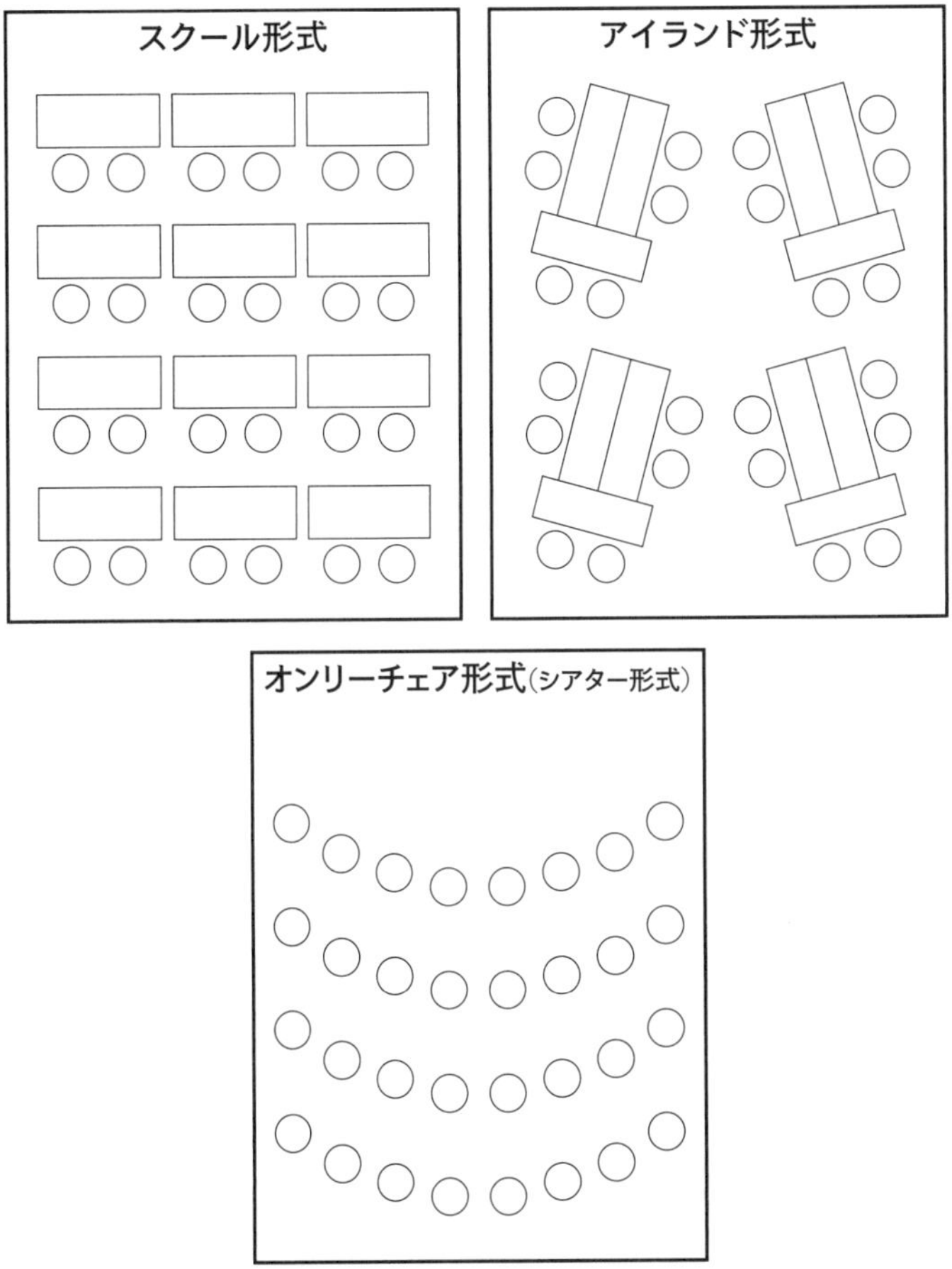

てから本題に入るようにしています。

席替えは、およそ1時間ごとに行ない、席替えが終わったら休憩に入ります。

その時に観察した会場の空気や受講生の動き、心の変化などを後で自分のコンテンツに入れ込むことができると、研修の質が上がります。私は毎回、受講生の心理変化を楽しみたいので、どんなに大人数でもオンリーチェアにして会場の動きをよく見るようにしています。

あなたは5章を読んでどんな学びがありましたか?

5章の学び

オリジナルコンテンツを作ろう

最も学習効果が高い会場作りをしよう

6章

ある研修講師の日常

私がよく聞かれるのが、「どんな日常を送っているの？」という質問です。この章では私の経験や友人講師の話から、研修講師の「ありふれた」日常を、なるべくリアルにご紹介したいと思います（実体験に基づくが、あくまでフィクション）。これをお読みのあなたも、実際に研修講師になった気分になってもらえたらと思います。

エージェントからの電話と研修地への移動

7：00起床。今週もまた、研修と講演会で全国を回る一週間が始まる。手帳を開くと、今週は和歌山から始まって茨城、静岡、仙台、名古屋と遠距離の移動が続く。今日は前泊移動日なので、朝食後はゆっくりと領収書の整理などの事務作業にあてられる、と思っていたらスマートフォンが鳴った。画面を見るとエージェントの担当者からだ。手帳を出して手元に置いてから電話に出る。

「あ、先生、●●です。今よろしいでしょうか？」

「○○さん、おはようございます。いつもありがとうございます」

「こちらこそ。先週の●●工業さんの研修ありがとうございました。アンケートも好評で、担当者も喜んでおりました。多分リピートもいただけると思います」

「それはうれしいですね」

「はい。で、さっそく日程の確認なんですが、今お手元に手帳はありますか？」

「はい、大丈夫です。どうぞ」

「来月の土曜日で、空いている日を教えていただけますか？」

「えーと、来月の土曜日は今のところ第2週と第3週なら空いています。場所はどこですか？」

「福岡の株式会社△△さんなんですが」

「福岡だとすると、第3土曜日の方がいいですね。第2土曜日は、前日が東北にいるので、移動が厳しくなります。ちなみに、研修のテーマは何でしょうか？」

「テーマは、3年目のフォロー研修ですので、セールスかモチベーションになると思いますが、今詰めているそうです。では、第3土曜日の仮押さえをお願いします。受注できるようにがんばります。早めにご連絡をしますので、よろしくお願いします！」

「はい、よろしくお願いします」

それにしても、こうしてエージェントに動いてもらえるので先々の予定が入ってくるのは、本当にありがたいことだ。これを一人でやろうと思ったら、たいへんな作業である。この担当者は、若いのにいつもキビキビしてこまめに連絡をくれるので、安心して任せることができる。

早速、手帳に言われた日にちを記入しよう。後で消せるように、フリクションペンで「福岡（株）△△（仮）担当●●」と書いておく。仮押さえの依頼を失念したらたいへんなことになるから、念のためパソコンの予定表とカレンダーにも記入をしておく。過去に担当者からダブルブッキングの話を聞いて背筋が凍った覚えがあるので、予定は何度確認してもいいのだ。

残りの事務作業を片付けてパソコンのメールを開くと、他の担当者から数件のメールが入っていた。一件は、来月に予定されている研修の詳細が記されている「研修依頼書」だ。ファイルを開くと、日にちと企業名、人事担当者と研修場所、宿泊ホテルの住所と地図、レジュメ提出の締めきりなどが記入されている。

私はアナログで管理するほうが見やすいので、すぐに印刷して手元のファイルに綴じ込む。このエージェントは、レジュメの提出期限が研修日の2週間前と少し早いのでたいへんだが、ホテルの手配などの便宜を図ってくれるので助かっている。

他のメールを見ると、以前提出したレジュメの訂正依頼が一件、明後日の研修参加予定者が書いた「事前課題」のPDFファイルが一件あった。レジュメの訂正はタイトルと文字化けしている箇所だけだったので10分程度で終了。事前課題は30人分あるので、印刷して移動中にゆっくり読み込むことにしよう。

そうこうしているうちに、前泊のため現地に出発する時間になってしまった。和歌山までは東京から4時間かかるので、東海道新幹線の切符をアプリで予約をする。着替えなどを入れたスーツケースはすでに宿泊先に送っているので、パソコンと手帳、そしてビジネス書や小説も数冊詰め込む。

以前に、震災で新幹線の中に6時間閉じ込められた経験から、ペットボトルのお茶とおつまみも忍ばせることにした。私は、2時間以上新幹線に乗る場合はできるだけグリーン車に乗ることにしている。エージェントへの請求は、普通指定席料金しか請求できないので、差額は自腹だが、落ち着いた空間と時間を満喫するための必要経費と考えるようにしている。あとは、ごく稀に芸能人に遭遇できるというのも楽しみのひとつだ。行きの時間で、ビジネス書と事前課題を読了。最近は、モチベーションやレジリエンスの研修が増えてきたので、最新の研究を取り込んでおく必要がある。幸い、その後の乗り継ぎについても、遅延やトラブルなく現地に到着することができた。

よく人から、「いろいろなところに行って観光できていいですね」と言われるのだが、移動が夜遅くになることも多いうえ、私は酒を飲まないし、明日の準備が気になる方なので、観光したり地元の食材を堪能することは少ない。夕食も、コンビニ弁当で十分だ。ホテルにチェックイン後は再びメールをチェックし、明日の会場の確認と研修で使うパワーポイントのスライドチェックをする。

明日は、2年目総合職が初めて現場に出る前のセールスの基本を習得する研修である。さて、明日の子達はどんなお悩みを持っているのかな。寝坊が怖いので、スマホとホテルのアラームとモーニングコールをセットして24：30就寝。

研修前の担当者との摺り合わせ

6：30起床。シャワーを浴びて、7：00に朝食会場へ。ホテルの従業員のみなさんが気持ちのよい挨拶をしてくれるので、私も大きな声で挨拶をする。

それにしても、宿泊客でホテルの従業員に挨拶を返したり、食べ終わってごちそうさまを言って出て行く大人がなんと少ないことか。年齢的には企業の管理職や部長職でもおかしくない人達がこれでは、部下も大変だろう。珈琲を飲みながら、そんな人の動きを観察する。ありがたく研修ネタにさせてもらうことにする。

7時30分ころに部屋に戻り、新聞に目を通す。地元の出来事でトピックスや大きな事件や事故はなかったようだ、今日の研修の組み立てに思いを馳せて、8：20にチェックアウト。研修会場には、通常30分前に入るのが慣例だ。夕べ確認したところ、ホテルからは歩いて5分ほどだが、万一道に迷った場合を考えて余裕を持って出ることに。朝は企業の正面入り口が閉まっていることが多いので、初めて行く企業はどこから入っていいのか迷うことがある。裏口に回ると守衛室があったので挨拶をする。

「おはようございます！　本日の研修講師で伺いました●●と申します」

「あ、講師の先生ですね。今担当者につなぎますので少々お待ちください」

守衛室から連絡をしてもらい、待つこと数分。研修担当者がエレベーターを降りてきた。

「先生、お待たせしました、担当の○○です。今日はよろしくお願いします！」

30代半ばの担当者で、元気がよい。エレベーターに乗って控え室に通され、名刺交換をする。軽く雑談をした後に、受講生の状況を聞いておくことは必要だ。

「今日は、2年目のフォロー研修ということですが、何かリクエストはありますか？」

私はいつも、研修前に担当者に研修で触れてほしい「リクエスト」を聞くようにしている。この時間は、研修の質を高めるのに必要な時間だ。担当者は少し考えてからこんなことを言った。

「基本的には、先生にお任せしたいのですが、やはり会社に入って1年も経つと何となく勝手がわかってくるので、入社前に思っていたことと違うことが出てくるようです」

これはどの企業でもよく言われる課題だ。学生時代にいろいろな想像をして会社に入ると、どうしても現実とのギャップに悩まされることになる。

「そこで今日は、セールスのスキルもそうですが、仕事を一所懸命やると将来の自分に必ず役立つことになるよ、というようなメッセージを入れていただきたいのですが、可能でしょうか？」

どんなリクエストであろうとも、講師にNOという返事はない。それに、私としても単にテクニック的な話しだけではなく若い皆さんに仕事にやりがいを感じていただけるようになっていただきたい。

「わかりました、中身に加えますね。では、セッティングをさせてもらってもよろしいでしょうか？」

パソコンは自前で持って行くが、会場にあるプロジェクターとの相性が悪いことがあるので、パソコンとプロジェクターの接続は早めに確認しておくに越したことはない。接続も、HDMI端子だと楽なのだが、D-SUB（15ピン）だとたまに合わないときがある。今日のプロジェクターとの相性はよいようでホッとする。

受講者の状況を見る

プロジェクターのチェックが終わる頃に受講生が順次入ってくる。「おはようございます！」こちらから大きな声で挨拶をしたときの反応を見るのだ。口の中でモゴモゴ挨拶をしただけで席に着く子もいれば、大きな声で挨拶を返してくれる子もいる。今日の会場の挨拶度合は、まあまあ悪くない。

挨拶をしない子でも、同期に会えば、途端に明るい表情を見せて話し込む。そんな時に素が見えたりするので、観察しておくことは必要だ。まだ2年目だと、業務から離れて同期と会える研修はうれしいだろう。

研修会場の壁に掛かっている「経営理念」や「創立者の言葉」も見ておこう。研修内容に経営理念を取り入れると主催者は喜ぶし、矛盾することを言ってはいけないので気をつけなければならない。

研修開始5分前になると、ほぼ全員が揃う。どんな研修だろう、講師は怖い人なのかかな。そんな様子をうかがう視線を受ける。担当者の講師紹介で研修がスタートした。まずまずのアウトプットと意欲を感じながら無事に午前中が終わり、昼休みに担当者と控え室でお弁当をいただく。この時間も、貴重な情報交換の場だ。担当者からの「午前中はどんな感じでしたか？」「先生から見て、気になった子はいましたか？」という質問に備えておく必要がある。グループディスカッションで誰が発言し、誰が場を仕切り、誰が参加していないかなどを見ておけば、この質問に答えられる。

そして、その様子はだいたい担当者のイメージと一致しているものだが、講師は単に元気があったとかなかったを言うのではなく、もう少し凝った言い方をした方がよい。

「前方のグループの窓側に座っていた●●さん、発言はしていましたが、一人だけイスにもたれかかってたまに宙を見ているなど、心ここにあらずという感じが見られました」

「さすが先生です。あの子は今上司とうまくいっていなくてモチベーションが下がっていますね」

「後ろのグループの●●さんは、身体だけではなくイスごとこちらを向いてしっかり講師の目を見て聞ける方ですね。周りへの気遣いも上手いし、彼女は営業成績がいいでしょうね」

「そうなんです！　彼女は、お客様からの信頼も篤いので支店長も買っているんです。それにしても、先生はよく見ていますねえ」

細かいところで担当者の心証をよくしておくことは大切なのだ。昼食後にマウスウォッシュでうがいをして、研修会場には開始10分前に戻って受講生と機材のチェックをする。

研修中〜終了後の対応

午後は眠くなる時間なので、研修に少し動きのあるワークや休憩も多めに入れることにする。休憩時間は、講師の休憩ではなく受講生のためのものだから、よほどのことがなければトイレには行かないで、受講生の過ごし方を観察した方がよい。

机に突っ伏して寝ている人、スマホを眺めて過ごす人、久しぶりの同期と歓談する人、靴を脱いでボーッとする人などが大半だ。休憩時間中は、その人の本質が現われやすい。何か研修に入れられるものがあるかもしれないので、さりげなく観察をしておこう。

今回は、小さなグループに分かれて休み時間を過ごす子達のようなので、午後に少しチームワーク的な要素のあるワークを入れた方がよさそうだ。研修の中身を少し組み替えたのが功を奏して、17時まで引っ張ることができた。企業研修は、早く終わっても数分過ぎてもいけない。時間は絶対に厳守だ。また、終了後はさっさと教室からいなくなる講師がいるが、私は次の予定が詰まっていたり、自分の列車の時間が迫らないときは、できる限り受講生を見送ることにしている。挨拶してくる方もいれば、そのまま帰ってしまう方もいるが、それは気にしない。研修というものは、人生を80年とすれば29200日という時間の中の貴重な1日がたまたま一致して、これまで知らなかった間柄の私達が一緒に過ごすことができた奇跡の1日なのだ。もしかしたら、もう二度と会わないかもしれない受講生に思いを馳せたり、研修内容について聞きたいことがあったのに質問できなかった方のための時間を過ごすことは大切だと思う。

さらに、受講生を最後まで見送っていく講師のこうした姿勢が信頼を呼ぶと思っておけば間違いがない。担当者が呼んでくれたタクシーに乗り込む際に、丁寧にお礼を言って握手をする。また来年も呼んでもらえたらうれしい企業だった。

全国研修はありがたい

今月は移動総距離がたいへん長い。一度も自宅に帰らず、北海道→仙台→宮崎→名古屋→福岡→岡山→茨城と動くことになりそうだ。年に何回かはこういう月があるのだが、全国を飛び回れることは、講師にとってはありがたいことだ。なかには東京、大阪、名古屋などの大都市での研修しか受注しない講師もいるらしいが、お子さんを置いていけないなど、よほどの事情がない限りは、どこであっても喜んで行くことが講師の役目である。今回も担当者に、「先生、昨日はどちらにいらしていたんですか？」「終わってからどちらに行くのですか？」と聞かれたのだが、このときに「昨日自宅から来ました」とか「ああ、今日はもう帰ります」と言うより、「昨日は仙台でした。今日は終わったらすぐに飛行機で名古屋に向かわなければなりません」と言うとすごい人気講師に見られる。

それ以外にも、食べ物はおいしいし、移動中に本は読めるし気分転換はできるし、その土地の情報にくわしくなるなど、全国各地にて研修をさせていただくことはよいことづくめである。今日も、これから行く県の出身有名人やトピックスなどを調べていくことにしよう。

そして、何と言っても、気に入られればリピートにつながる確率が高いのも地方研修である。大都市ほどライバルが多くないのと、地方企業は他県の事例や先端の情報を欲していることもあり、お世話になる土地に敬意を払って、一緒に課題解決をしていくとよい。

お客さんではなく〝参加者〟にさせる

私が登壇すると、椅子に座っていた男たちは、いっせいにこちらを睨むようなまなざしを向けた。なかには、足を組んであからさまに不機嫌な様子を見せてくる人もいた。今日は、ある企業の管理職研修である。受講生のみなさんからは、「この忙しいのに、研修なんて呼びやがって」とか「今さら、リーダーシップでもないだろう」といった雰囲気が漂ってくる。

しかも、冒頭に役員の挨拶から始まったのだが、役員がかなり厳しい言葉で管理職を叱責してしまった後に、「では先生、今日はよろしく」と言って出て行ってしまったのだ。ただでさえマイナススタートが多い管理職研修で、さらに空気を重くされてしまった。しかし、ここから持ち直すのが講師の腕の見せどころである。

昔の私だったら、この雰囲気に飲まれてしまって、よけいに空気を凍らせてしまったかもしれない。しかし、場数をこなしていくうちに、場づくりの方法、興味の惹き方、受講生に接する態度、質問の作り方、納得感の醸成……そういった技術を習熟させることができたのだから、経験は大切である。私は企業の、特に役職や地位が上の方に研修をするときは、「講師と受講生」の関係で研修をしないことにしている。自分も管理職をやった経験があり、失敗も経験している。だから、受講生のみなさんと一緒に共感を作りながら課題に取り組みたい、という姿勢を打ち出すことで、仲間に入れてもらうことから始めるのだ。

「みなさんこんにちは。お忙しい中お集まりいただきまして、本当にありがとうございました。今日ご参加の方の中には、〝こんな研修に参加している場合じゃない、と思っておられる方もいると思います。今日はそんな忙しいみなさんに、〝リーダーシップとはこうするんですよ〟、とか〝あなた方のマネジメントは変える必要がありますよ〟などと言うつもりはまったくありません。今現場で何が起きているのか、これからの時代を生きる若手をどう育てているのかなどについて、お仲間と意見交換をしていただくことがメインになります。私は司会進行の白戸と申します」

自分が何かを教える人ではなく、司会進行という役割であることを言うことによって、「おっ？」という顔つきが増えれば、緊張も少しずつほぐれていく。管理職には自分のやり方があるのだから、人から否定されたり指示命令されたりするのを嫌がることを知っておけば、空気を柔らかくできる。そして、さらにこんなことも言う。

「私の研修ではみなさんが主役ですので、途中でトイレに行きたくなったり体調が悪くなったりしたら、講義の途中でも出ていって構いません。そして、部署から連絡が入いったらそちらを優先してください。私に断る必要もありません。ただ、緊急事態が生じて職場に戻ることになった場合だけ、私に一言お声をかけてからお帰りください。この会場はみなさんのものです。お仲間への敬意だけは持って、アウトプットにご協力をお願いします」

会場のコントロールは講師の役割だが、会場の中にできる限り自由な部分を作るだけでも意欲は上がるため、受講生に寄せたルールづくりは必要だ。さらに最初のディスカッションで、「最近、若手社員を見てどんなところにギャップを感じますか？」などのテーマをお伝えすれば、愚痴半分、情報交換半分の共感と笑いが、自然に発生するアウトプットが生まれる。早い段階で受講生に笑顔が出れば、その研修の7割は成功したも同然となる。今回も比較的早い時間で緊張が解け、最後は一番不満そうだった管理職の方が名刺交換に来られたのでホッとした一日だった。

懇親会に呼ばれたら

研修エージェントから電話があった。

「先生、企業さんから来週の研修終了後に懇親会に出席してほしいとのことなんですが、可能ですか？」

「えーっと、それは政治的に出た方がいい懇親会ですか？（笑）」

「こちらへのお気遣いは不要ですけど、今後もお世話になりたい企業ではあります。でも無理でしたら結構ですよ」

「次の日が大阪で研修なので、新幹線の時間まで1時間くらいなら出席できますよ」

「ありがとうございます。先方も喜びます」

研修の後に懇親会がある企業は少なくなったが、稀に受講生がトップ営業担当者で、半期や年に一度の慰労を兼ねた懇親パーティー付きの研修講演会をするなどのイベント付研修だと懇親会がある。その場合でも、通常なら講師は帰り、後はお仲間でゆっくりと、という場合が多いのだが、今回は講師席も用意くださったそうだ。こういうときは、できる限り出席した方がよい。

なかには、「懇親会に出るなら、別途料金をいただかないと」と拘束料金を時間で割った金額を要求する講師もいるが、そんなビジネスライクなことよりも懇親会という場で自分をより認知してもらったり、本音の情報を集められることに意味があると思う。

幸いその日の研修もうまくいき、好意的に迎えていただいたことから懇親会でもすぐに仲間に入れていただくことができた。講師は、テーブルに座りっぱなしではなく、主要メンバーに話しかけたり、主催担当者の労をねぎらったりなどで動くとなお心証がよい。講師はサービス業でもあるのだ。1時間後には、もう少しここにいたい気持ちが大きくなるほどの心地よい雰囲気となったが、後ろ髪を引かれるように新幹線に乗った。気持ちはもう明日会える受講生に切り替えて研修地を後にした。

移動できない!?

ある移動日での出来事。

朝起きたら、その日向かうはずだった出張地で地震があり、交通機関がストップしているというニュースが入ってきた。すぐにネットで情報収集をし、研修エージェントに連絡をする。担当者にとって一番心配なのは、講師が到着していないということである。

「先生、現地に向かえますか?」

「今どうやって行くかルートを探していますが、とにかく列車が動いていないので、復旧を待つことしかできないですね」

「飛行機はどうですか？」

「調べたのですが、すでに最終まで満席でした」

「そうですか……。先生、最悪どこまで来られますか？」

「結構手前ですが、●●駅までは動いているのでそこまでは行けると思います」

「わかりました。最悪●●駅まで車でお迎えに行くので、最後は車で現地に入りましょう」

　夕方になって、少しずつインフラが復旧をしてきたので、とりあえず行けるところまで行くことにする。幸いなことに、ターミナル駅で1時間ほど待機することにはなったが、その日最後の現地入りの列車が動くタイミングに乗り合わせることができた。担当者にメールを入れてホッと一息つく。本当にどうしようもないほどの天変地異等や事故、事件などの不測の事態に遭遇してしまったときは仕方がないが、これまでも雪で飛行機が飛ばなかったり、列車にイノシシが衝突して動かなくなったり、乗り継ぎの列車に間に合わずタクシーで数万円かけて現地に入ったり（もちろん自腹）、天候不良で飛行機が引き返すなどのことは多々あった。

　しかし、それでも現地に入ることを諦めてはいけないのが講師である。エージェントや企業の担当者と密に連絡を取り、最善を尽くして行動していくことが講師のはたすべき役割なのだ。

講師は風邪を引かない!?

その日の私は、前の日から熱が出ており、研修に不安を残していたのだが、朝になったら熱は下がり、ややだるさは残るものの体調は回復していた。1日研修の間も気力と体力は持続し、食欲もあった。無事研修を終え、新幹線に乗ったところで緊張の糸が切れたのか、また体調が悪くなってしまった。そういえば昔、先輩講師からこんなことを聞いたことがある。

「もし講師が体調不良で研修を休むことになったらどうなるんですか？」

「え？　講師というのは風邪を引かないから大丈夫だよ」

「いやいや、そんなことはないでしょうよ……（笑）」

あれは本当だった。移動に関するトラブルの他に、エージェントも企業も心配なのは、講師の体調不良である。だが、私の知る限り、講師が体調不良でドタキャンをすることになった例はあまり聞いたことがない。私もこれまで、体調不良も含めてドタキャンはゼロである

全国隅々まで調べればそういった例もあるのかもしれないが、毎日数万人の講師が全国を飛び回っていながら、ほとんど聞いたことがないというのも不思議といえば不思議である。

もちろん、体調が悪いのを無理して現地に向かうことはお勧めしない。仮にインフルエンザに罹ろうものなら、たいへんな迷惑をかけてしまうからだ。

ただ、この仕事に対する責任感として、「もし風邪を引いたらどうなるのかな」という心配

をしている人がいるのであれば、それは杞憂に終わるということだけは言えるかもしれない。私の先輩の一人は、「講師は親の死に目に会えると思うな」が口癖である。私も、それくらいの覚悟を持ってこれからも望みたいと思う。

講師は君臨してはいけない

今日伺った企業は、出迎えがなく、守衛室で名乗ってもぶっきらぼうに教室の場所だけを案内されたので、そのまま教室に向かった。しかし、そこには担当者がおらず、周辺を探したがどこにもいらっしゃらなかった。仕方がないので、置いてあるプロジェクターとパソコンを勝手に接続をして待つこと数分、担当者がやってきた。

「ああ、先生ですか。どうもすみません」と言って名刺交換をするなり、またどこかに行ってしまった。こういう企業には、決まってある特徴がある。それは、ホワイトボードマーカーが書けないという特徴だ（笑）。試しにキャップを開けて書いてみると、案の定薄い。どのペンも試したが、細いうえにかすれている。

講師は、こんな時のために自前のホワイトボードマーカーペン（極太の黒と赤）を持っていた方がよい。全国の企業に出かけると、対応がさまざまでたいへん興味深い。今日のような会場もあれば、「先生、先生！」と下へも置かぬおもてなしをしてくれた上に、お昼ご飯は料亭で、役員同席のうえ懇親を深める場合もある。

講師が気をつけなくてはいけないのが、「自分は先生なんだから、ちゃんと対応してほしい」という気持ちになってしまうことである。なかには、「先生、お鞄をお持ちしましょうか？」と言われて、本当に鞄を手渡す講師もいるのだが、絶対にしてはいけない。自分の荷物は自分で運ぶ。自分より若い担当者にも、敬語を使い、態度には気をつけることだ。講師が企業や受講生に君臨してはならないのだ。

日々いろいろな企業に呼ばれていくことはたいへん勉強になるので、どの企業も差をつけることなく、いつも全力で臨みたい。今回の企業にも、帰ったらお礼の葉書を出しておこう。さて、明日はどんな企業でどんな受講生に会えるだろうか、本当に楽しみである。これだから、講師業は辞められないのだ。

あなたは6章を読んでどんな学びがありましたか？

6章の学び

講師は常に使命感と感謝の気持ちをもって行動する

7章

研修講師
ビジネスを考える
一問一答

この本をお読みの方の中には、すでに講師として独立起業をはたしている方もいれば、いつか独立できたらいいなあと思っていらっしゃる会社員や主婦の方もいらっしゃると思います。この章では、研修講師という仕事について、よくいただく質問に答える形で述べていきたいと思います。

企業研修講師の年収ってどのくらい？

みなさんが最も知りたい「企業研修講師って、いくらくらいもらえるの？」といったことは、もしもあなたに講師の友人がいても聞きにくいでしょう。講師業界の年収層は幅広く、300万円程度から、ごく希に億を超える収入の講師もいるのが実情ですから一概には言えません。ここでは、独立起業をして食べていくための目安としての考え方を述べておきたいと思います。

企業研修講師の収入は、「単価×回数」で決まります。つまり、たくさん稼ぎたかったら、単価を上げるか、回数を増やすか、のどちらかということになります。単価は講師の希望と需要によって決まります。エージェントは、講師料単価に自分たちの利益や手数料を上乗せして講師を企業に提案します。便宜上、こちらを「売価」としましょう。単価を時間で設定している講師もいます。たとえば、

講演会（120分まで）：20万円

研修（1日7時間まで）：15万円
研修（半日3時間まで）：10万円

といった具合です。

私は面倒くさいので、90分でも丸一日でも、講演会でも同じ単価でやっています。売価はエージェントによって違います。エージェントによっては、7対3でエージェントの方が多いとか、3対7で先生が7でいいですよ、というところもあれば、6対4もあれば8対2というところもあります。

大切なのは、「エージェントにいくら持って行かれるのか？」ではなく、「自分がいくらもらいたいか」ということです。私の場合は、希望額を伝えたあとはエージェントが私をいくらで提案しているかは知らないし興味もありません。年間にどのくらい受注が来るのかについては、1、2年は研修エージェントとお付き合いをしなければわかりません。

研修は、年間を通じて安定して発生するものではないので、エージェントに何月頃が繁忙期になるのかなども聞いておいた方がよいと思います。2年もすれば、自分にはどの時期にどんな研修が入ってくるのかがわかるようになります。通常は、4月が新人研修で忙しくなりますが、私の場合は新人向けではないと思われているのか、6月から11月がピークです。4月、12月、1月、3月はけっこう暇になるので、その間は自分でセミナーを開催したり、原稿執筆などをして収入を得ています。そういったことも踏まえて計算をしてみましょう。

あなたが、前職でもし年収5百万円だったら、それをひとつの基準にしてもいいし、仲間の講師が年収2000万円なら、そこを目指して計算をしてもいいでしょう。5百万円いただくなら、単価10万の場合は年間50回の研修依頼をもらうことで達成できます。仮に売価で20万円くらいなら、複数のエージェントに登録をすることで十分達成可能です。年間50研修は、月に4、5回平均ということになります。ただし、前述したように研修というものは毎月平均して入ってくるものではないので、収入の凸凹も考えて、給与配分する必要があります。希望年商が2000万円なら、単価10万円で200回の研修をこなさなければなりませんが、これは相当たいへんです、3日に2回、どこかで研修をするということは、自分の時間はほぼないと思った方がよいでしょう。現実的なのは、20万円×100回の方かもしれませんが、20万円の単価ということは、エージェントは売価30万円~40万円で提案をすることになります。

企業や業界にもよりますが、そのレベルの売価はベテランクラスです。講師料の目安は、エージェントの格やレベルによっても変わります。そのエージェント内でのトップ講師が10万円しかもらっていなかったら、そこで頑張ってもそれ以上にはなりにくいでしょう。

自分が所属するエージェントのトップの報酬を、こっそり担当者から聞き出してみることができるほどの関係が築ければ、自分の講師料を上げるための相談もできるかもしれません。あなたは回数を増やしますか？　それとも単価を上げますか？

研修回数を増やすには？

まずは、研修エージェントとしっかり対話をして単価を決めることと、エージェントの信頼を得て、回数をこなしながら満足度と信頼を上げていくことです。私は、初年度は年間40研修くらいでしたが、2年目に60研修、3年目以降は80～100研修をいただけるようになりました。2019年は150くらいになりそうですが、これ以上は、身体がキツいのと新しいコンテンツを作る時間が欲しいので、なるべく入れないようにしています。もし、研修の回数を増やしたかったら、3つの切り口で考えましょう。

❶ 登録エージェントを増やす
❷ 新しいテーマの研修による企業需要を掘り起こす
❸ 単価を下げる

この3つをやれば、研修回数は増えます。講師仲間の中には、10以上のエージェントに登録している人もいますし、常に新しいコンテンツを作ってエージェントに届けて営業材料としてもらっている講師もいます。

金額も、1回あたり2～5万円でもいいから数をこなしたいという講師もいます。自分が年間どのくらいの研修をできるのだろうかということを知っておくことはムダではありませんが、年数を重ねると必ず、「自分はもっともらってもよいのではないだろうか」と思うようになりますし、身体もキツくなると、回数もこなせなくなるので単価を上げることも考えていきましょう。

講師料単価を上げるには？

あるエージェントが言っていました。

「ある講師が、メールでいきなり、〝来月から単価を今の15万円から20万円にします〟と宣言してきたんですよ」

「へー、交渉ではなく宣言してきたんですか？」

「そうなんですよ。無茶だなあと思いましてね」

「その講師の要求は通ったんですか？」

「ベテランの先生でしたし、人気のある先生でしたから、わかりましたとは返信をしました」

「要求が通ったんですね」

「まあ、そうなりますが、その後まったく仕事を振らなかったら、向こうから元に戻したいと言ってきました（笑）」

この講師の失敗は、急激な値上げを交渉することなくメールで伝えてきたことです。エージェントの担当者も人間ですから、どんなに人気がある講師でも、不義理をしたり、使いづらいと判断をされてしまったら企業に紹介することはなくなります。その講師は、値段を下げた後も仕事が増えなくなったそうですから、エージェントをないがしろにした要求は控えましょう。

講師料単価を上げるための方法としては、次の5つが考えられます　。

❶他の研修エージェントで折衝をする

同じエージェントで年数や回数を重ねて仕事をさせてもらっていたとしても、そのエージェント内で値上げ交渉をすることは難しいと思ってください。なぜなら、毎年同じ企業に同じテーマで研修をさせていただいていて、スキルも内容も変わらない講師に、講師料を上げる理由がエージェント側にも企業側にもないからです。

単価を上げる場合は、これまでの企業研修実績を持って新しい研修エージェントに登録をする際に、自分が望む単価で折衝をすることがひとつの方法です。

❷単価が上がる理由を作る

単価は、自分の意思で決める他には基本的に需要と供給で決まります。人気の講師ほど、単価は高くなる傾向にありますから、他の講師ではできないテーマや余人を持って代えがたいと判断される唯一無二の講師になることで、単価を上げる交渉材料にすることができます。

後は、出版やメディアに露出することで著名人になってしまうと、講師単価は急激に跳ね上がります。私も常に自分ブランドの向上は意識をして、人気講師であろうとする努力を怠ることはありません。

❸ 少しずつ上げる

研修エージェントも営利企業ですし、企業側も年間の教育予算は決まっていますから、いきなり単価アップを言うのではなく、給与のベースアップ交渉のように、たとえば2年に一回1万円だけ上げて欲しいとかを協議しながら、講師自身もエージェントの役に立てるようスキルをブラッシュアップしていくのも手です。

❹ 約束をしておく

研修エージェントに登録する際に、「年間●回の研修依頼が来るようなら、来年から2万円アップの単価とする」といった、野球選手の年俸制のように契約書を交わす講師もいます。出来高によって単価が上下するのは合理的だし、ちゃんとした理由になります。その代わり、仕事が来なかったら単価は下がるという仕組みです。

❺ 直接取引をする

なかには、自分の人気を当て込んでエージェント契約を切り、直接取引に切り替える人もいます。しかし、個人で企業と取引をしていくのはとてもたいへんです。単価が上がったとしても、回数が減ることは火を見るより明らかなので、ここはあまり思い上がらない方がよいと思います。

独立起業をした時にやってはいけないことは？

独立起業時に、とにかく最初にやってはいけないことがあります。それは、「あぁ、長いこと勤めた会社を辞めたんだから、しばらくはゆっくりするか」や「失業保険をもらい切ってからデビューするか」という余裕の動きをすることです。これは、起業に失敗する人の特徴のひとつでもあります。ゆっくりしたいという気持ちの裏には、「仕事ならきっともらえるだろう」という油断があると思うのですが、会社に守られて仕事をもらっていたことで生まれてしまう「自分には仕事が来るだろう」という勘違いと習慣は、起業する時に即改めるべきです。会社のブランドがなくなったあなたに、仕事が来る保障はひとつもありません。失業保険をもらうよりも、すぐに自分で稼ぎを作り出すことに集中して動き出すことを最優先でやった方がよいと思います。

なかには「そんなに焦らなくても、1、2年は食べていけるだけの蓄えがあるからいいんだよ」という方もいるのですが。独立すると、誰もが自分で思っていたより支出が増えて驚くことになります。私も、贅沢をしなければ1年ぐらいは収入がなくても食べていけるくらいの貯金を作って独立したのですが、必要なものを揃えたり、自分のインプットをしたりしているうちに、気がついたら半年間で蓄えが底を尽きました。

その代わり、前職を辞めてすぐに半年間動いたおかげで、貯金が尽きる寸前で企業研修の仕事が来ました。だから、まずは辞めたその日から、会社に別れを告げたら、その足ですぐ何かの活動をすることです。セミナーに行ってもいいし、仲間と打ち合わせをしてもいいでしょう。スーツとネクタイを全部変えるということをされた講師にもお会いしましたが、それくらいすぐに切り替えをすることが必要なほど、独立起業は待ったなしなのです。

個人事業で行く？　株式会社化した方がよい？

これは私の考えであって正解ではありませんが、私は会社を辞めてから、すぐに株式会社を立ち上げました。そして今思うのは、「株式会社化を先にやっていてよかった」ということです。いろんな考え方があっていいのですが、私も最初は売上げがあるわけではないし、当面は個人事業主でいってもいいかなと思っていました。

しかし、研修講師は会社対会社の取引の方が信用されると思ったことと（実際にそうでした）、忙しくなったら会社化の手続きができなくなるだろうと考え、思い切って先に株式会社化をしてしまいました。当時は、まったくといっていいくらい仕事がないのに、税理士先生を雇って、経理処理や私の事業や考え方についていろいろなレクチャーやフィードバックを受けられたことは、たいへんよかったと思います。

企業研修でも、冒頭の紹介で「株式会社ウィンケスト代表取締役の白戸先生にお越しいただきました」と紹介されたりすることは、自分のセルフイメージを変え、役員クラスの方と名刺交換をするときに、社長の名刺は間違いなく役に立っているのだと思います。どうせ将来、株式会社化をしようと思っているのであれば、スタート時にやっておいてもよいと思います。税制上の有利不利は、その後に受けた恩恵に比べればたいしたことはありません。

講師になるのにどんな勉強をしたらいい？

インプットというものは、多すぎて困ることはありません。スマホやゲームで消費していた時間や飲み会に使っていたお金をインプットに投資することは、講師として成功するためには必要です。研修会社がやっている研修体験会やセミナーに行くのも学びになります。

研修会社は、企業で実施しているコンテンツを一般公開でやっている場合があるので、そういった場所には、講師や企業の人事担当者が集まることが多いものです。新しい人脈づくりにつながるかもしれないし、「ほぉ、こういうコンテンツがあるのか」「企業研修って、こんな感じなのか」という雰囲気が味わえるだけでも、未経験者は行った方がいいでしょう（同業者の参加を断る所もあります）。

そして、アウトプットも同じくらいしましょう。私が、講師になる前にやっていてよかったと思うアウトプットのひとつは商業出版です。私は会社員時代に出版をはたしました。仕事の合間に原稿を書くことはとてもたいへんでしたが、デビュー作がご縁で今のエージェントと出会えたのですから、これから講師として独立をするのなら出版は必ず視野に入れておきましょう。本は、あなたの代わりに、あなた自身を長期に渡って宣伝をしてくれるし、企業の信頼も得ることができます。

やれることはたくさんあると思いますが、研修講師になるにはどうしたら？　の前に、やっておくことをリストアップしておき、1個1個潰していくことです。地道な作業ですが、将来の自分のためと思えばなかなか楽しいものです。打席は突然廻ってきますから、いつ指名されても慌てないように、今から準備をしておきましょう。

やることリストって？

私が、独立起業前に作っていたリストはこんな感じです。研修講師には必要ないものも含みます。

- 会社の名前、ロゴマーク決定
- 名刺デザイン、発注
- 社判、社印発注
- 仕事用机と椅子購入
- ホワイトボード、ビデオカメラ購入
- 公式ホームページ作成
- メールアドレス取得
- ブログ開設、情報発信
- メールマガジン配信スタンド契約
- メールマガジンリスト集め
- Facebookでの情報発信
- 会社の電話番号決定
- パソコン、プリンター、スキャナー購入
- 預金口座開設
- 独立のお知らせ葉書
- 税理士契約
- 出版企画書起案

・コンテンツメニュー作り
・宣材写真撮影
まだまだたくさんあると思いますが、収入を得るまではすべてコストになりますから、優先順位をよく考える必要があります。今思えば、ホワイトボードやビデオカメラなど、最初から全部揃える必要がないものまで買っていたなあという感想です。

ツカミとかワークの引き出しを増やすにはどうしたらいいの？

私は、社内講師時代に恥ずかしながら、「ツカミ」という技術を知りませんでした。セミナー講師養成講座に通って、初めてツカミというものを知り、その考え方や引き出しを増やすことができたので本当によかったと思います。いったんコツがわかると、独学でもどんどん増やすことは可能ですが、セミナー以外でそれを助けてくれたのは本とテレビです。

本は、そのものズバリの「アイスブレイク集」や「ワークショップの教科書」的な本を片っ端から読み、テレビのクイズ番組はなるべく見るようにして、自分が面白いと思ったクイズやトリビアは、今でも研修に大いに役立てています。

また脳科学系や頭の体操系、ＩＱ向上などをテーマにした本の中に、ひとつでも新しいネタがあればよしとしています。金額的に、書籍代１５００円で１個のネタが手に入るならコスパは悪くありません。とにかく貪欲に、先人の知恵を吸収していくことが必要ではないでしょうか。

研修でパワーポイントスライドは使わないといけないの？

パワーポイントが苦手で使わない講師もたくさんいます。パワーポイントは慣れないと、スライドづくりにたいへんな時間がかかりますが便利なツールでもあります。

パワーポイントスライドを使うか使わないか、を決める判断基準は「できる・できない」でもなければ、「好き・嫌い」でもありません。パワーポイントを使った方が、学習効果に寄与する（学びがある）かどうかの一点です。受講生のより良い学びに必要であるならばパワーポイントを使いましょう。

でも、講師の中にはスライドを文字で一杯に埋め尽くして、それを読み上げるだけの「カンペとしてのパワポ」にしてしまっている人がいます。最も恥ずかしいことですのでそれさえなければ、最後はご自身で、使うか使わないかの判断をしてください。

企業研修に音楽や動画を使ってもいいの？

セミナー業界では当たり前になっている音楽と動画ですが、これも学びを作るのに必要だと思われるのであれば使っても構いません。ただ、事前に企業側に確認をしておきましょう。スピーカーがなければ持ち込む必要はありますし、もしかしたら隣で大切な会議が行なわれているかもしれません。音を流しても大丈夫な環境かどうかを確認して、使用目的を伝えておけば、大きな問題にはならないと思います。

ただし今の時代、音楽を使う時は著作権問題が発生するので、フリー音源か著作権付き（使用権付き）の音楽を買い取って使うなどの注意が必要です。

研修講師が著作権で気をつけることは？

企業は、著作権問題に敏感になっています。これは聞いた話ですが、ある講師が研修資料を企業に提出したところ、その中に著作権が発生する写真や図が入っていることがわかり、取引を打ち切られてしまったそうです。その講師に、悪意はなかったでしょうし、もしかしたら「写真　無料」などで検索をした結果、出てきたものかもしれません。

しかし今は、画像検索機能も向上しているため、調べようと思えば、使われている写真や図が著作権違反をしているかどうかはすぐにわかるようになっています。「フリー素材だから使ったのに！」と思っていても、商業利用の場合は著作権料が発生する場合もあります。

ネットで写真を探す場合は、手間ではありますが、商業利用できる写真を販売している大手サイト「ＰＩＸＴＡ」などから購入をすることが一番かもしれません。

ちなみに私は、人気サイトの「いらすとや」のフリー素材を使っています。

企業研修講師が持っていた方がよい道具とは？

研修に必要な道具である、プロジェクターやスクリーン、マイク、ホワイトボードは企業で用意してくれます。それ以外で私が研修に行くときに持ち歩いている必須の道具は、次のようなものです。

❶ パソコン

講師の中にはＵＳＢメモリを持ち歩いて、企業からパソコンを借りる人もいますが、私は使い慣れたパソコンの方がいいので持参をしていきます。大きさは13インチでなるべく軽くて薄いものを買うようにしています。

よほど大量の動画やスライドを使わない限り、容量は２００ＧＢ以上あれば結構な量の資料を保存できます。後はこまめに外付けハードディスクに落としていけば容量の問題もバックアップも心配いらなくなります。

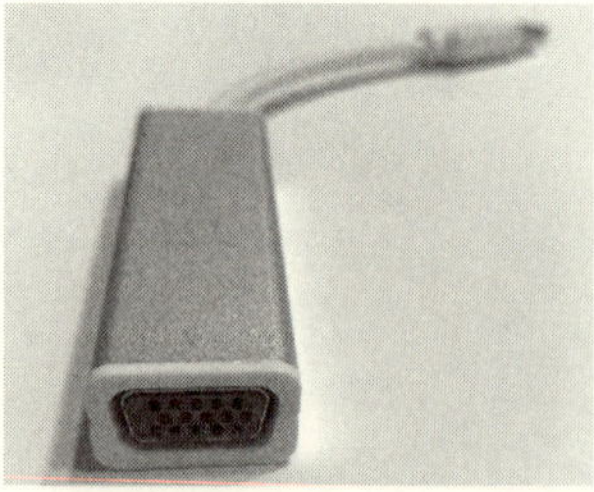

〈D-SUB（15ピン）コネクタ〉

〈HDMI端子〉

❷ケーブル（HDMIとD-SUB用コネクタ）

パソコンとプロジェクターには相性があります。最近のパソコンにはD-SUB（15ピン）の接続端子がないものが増えました。時代はHDMI端子による接続に移りつつあります。

しかし、企業にあるプロジェクターのほとんどはまだD-SUBで繋ぐようにできています。古いものであれば、HDMIのケーブル接続ができません。私のパソコンには15ピンを接続する端子がないので、USBでつなぐコネクタを持ち歩いています。毎回接続がうまくいくかどうかハラハラするのですが、この2種類を持っていればなんとかなるでしょう。パソコンとプロジェクターとの規格は家電量販店でおたずねください。

❸USBメモリ

万が一、パソコンとプロジェクターが接続できない場合に備えてUSBメモリを持っておくと、パソコンにあるデータを企業から借りたパソコンに移して使うことができます。また移動中に、PCを落とすなど何があるのかわからないので、データのバックアップ用にUSBに資料を入れておくことはお勧めします。
※企業によっては、外部データを取り込めない規則になっている所もあるのでご注意下さい。

❹ パワーポイント用リモコン

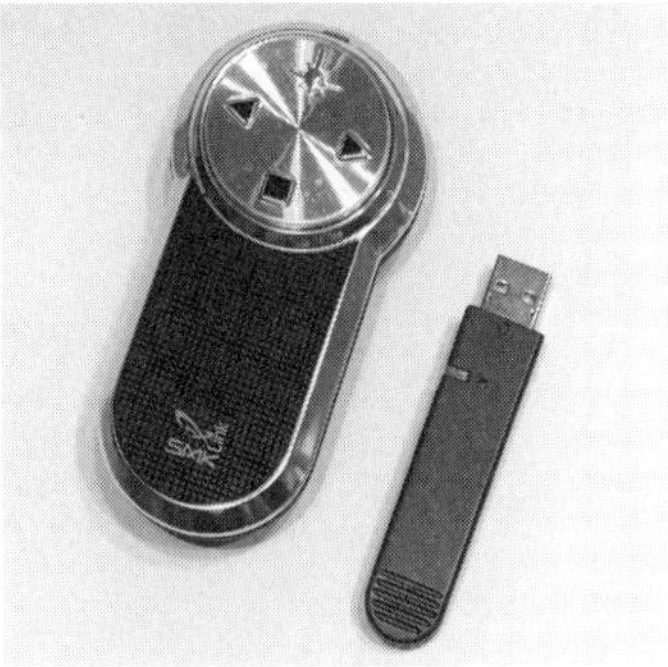
〈パワーポイント用 リモコン〉

企業からお借りしてもいいのですが、ない企業もあるため、自前のものを持っていた方がよいです。様々な種類が出ている中で、私が愛用しているのはSMK－LINKのリモートポイント・ナビゲーターです。手の中に収まり、ボタンが大きいので操作が簡単です。通販サイトで約1万円くらいで手に入ります。私は個人的に、スライドの一点をレーザーポインタで指し示す動作が嫌いなので、レーザーはなくても問題がありません。

❺ ホワイトボード用マーカーペン

書けなかったり、細いマーカーしかない企業もあるので、赤と黒の極太を用意しています。

❻ 靴磨き

出張が続くと、気がつかないうちに革靴が汚れています。講師の靴が汚れているとイメージが悪いので、100円均一ショップで買えるものでいいので持っておくとサッと一拭きできて便利です。

❼ 名前と自宅住所のシャチハタ

ホテル暮らしが多くなるので、毎回宿泊表に記入するのが面倒くさい私は、住所・氏名・電話番号が載っているシャチハタ印を作り押すだけにしています。

❽ シミ取り剤

以前、朝食会場で寝ぼけたままうっかりワイシャツにケチャップをこぼしてしまったことがあり、それ以来常備しています。講師は、いつも清潔感溢れる服装で臨んでください。

❾ マウスウォッシュ

口臭は、自分では気がつきにくいものです。昼食後や口の中が乾いた後は、口腔内洗浄をしておきましょう。どこで評価が下がるかわかりません。

⑩ ウェットティッシュ

ある企業で、ホワイトボードの代わりに黒板が出てきたことがありました。久しぶりにチョークで研修をしたのですが、おしぼりがなかったので持っておくと便利だなあと思い、それ以降鞄に入れています。東海道新幹線のグリーン車でもらえるおしぼりはたいへん肉厚かつ丈夫で使い易いのでストックをしています。

⑪ ボディタオル

夏場は、汗をかきながら会場に行くのは印象がよろしくありません。使い捨てのミント系ボディタオルを持っていれば、研修や移動の列車内でも不快な思いを与えずにすみます。講師は移動距離が長いので、少しでも清潔にしておくための工夫は必要です。

名前は本名でなくてもよい？

私の名前は珍しいので、よく研修や講演会で「白戸三四郎さんというのはご本名でしょうか？」と聞かれることがあります。もちろん本名なのですが、こう聞かれるということは、本名であるかどうかは、企業研修の選考にはあまり関係がないのかもしれません。企業が本名かどうかや身上調査をすることはありませんし、私の講師仲間にもビジネスネームで仕事をしている人はたくさんいます。

ただ、エージェントによっては、芸人さんのような当て字やカタカナと漢字の組み合わせやあまりに突飛なビジネスネームは困るという所もあります。ドラえもんに出てくるジャイアンの妹は「クリスチーネ剛田」というペンネームで漫画を書いていますが、企業研修でこの名前だと「この人、大丈夫？」「このセンスの人が研修やれるの？」という判断にもつながりかねません。差別をする意図はありませんが、業界や企業のカラーに合わせていただくのがよいかと思います。

不安！　自分に企業研修ってできるの？

「すごく不安です！　自分に企業研修ってできるんでしょうか？」と聞いてくる人は多いのですが、結論から言えば、そう思っている人は企業研修をしてはいけないと思います。講師にとっては、企業研修ができるかできないかではなく、自分が受講生の課題を解決することに使命感や理念を持って学びを創り続けることができるのだろうか？　という想いがあることが大事だと思うからです。

どんな講師でも、デビュー当初は苦い経験をたくさんしたと思います。私もそうでした。できるかどうかわからないけれど、「できます！」と返事をして、それから必死になってコンテンツを作りました。セミナーは、「やってみたい！　セミナー講師になりたい！」という思いでやってもよいと思いますが、企業研修は、自分の体験や自分の考え方が、今、現場で起きている問題を解決できるかどうか、ということが、この先講師を続ける上で自分を支える軸となります。

受講生に対して、「本当に君たちに頑張ってほしいんだ！」「変わってほしいんだ！」「これからの世の中を力強く生き抜いて欲しい！」というメッセージがある方には、ぜひ企業研修の門を叩いていただきたいと思います。

「しゃべり」に自信がないけれど研修はできますか？

多くの方がしている勘違いは、「講師はしゃべれないといけない」と思っていることです。もちろん、しゃべることはしゃべるのですが、芸人さんのようにペラペラと立て板に水のようにしゃべらなければいけないということはありません。

何度も書いていますが、企業研修は相手の問題を解決できるかどうか、もしくは解決できたと思って帰ってもらうか、現場で実践してもらえるかどうか、が重要視されます。

ただ、マインドとしては、お金をいただく以上は、相手が聞きづらいとか、「えー」や「あー」などの、何を言っているのかよくわからない口癖がある人は、努力して修正する必要があります。

たとえば自分のしゃべりを動画に撮って何度も何度も見直してみる。自分でセミナーを開催して、場数を踏んでみる。まずは少人数から、仲間に対してしゃべってみる。台本を書いて、ひたすらそれだけをしゃべってみる。口と舌が回るということをトレーニングすることは大事です。

とはいえ、企業研修は講師が用意してきたものと受講生の課題にズレがあることも多いので、しゃべりよりもそういった事態に対応する力の方が大切です。たとえば、どんなにしゃべりを練習してきても、

「あれ、こんなにシーンとしちゃうの?」

「あれ、こんなに睨んでくるの?」

「こんなにやる気のない人たちなの?」

そう感じた瞬間に焦りが出てしまい、せっかく練習してきたものがうまく発揮できなくなります。私がそういう時に役立ったのは、「質問の力」でした。研修に質問を増やすことができたら、自分に余裕を作ることができます。ディスカッションをさせている間に、客観的に会場を眺めていると、自分の心が落ち着いてきて、「あ、これ終わったらこれしゃべろう」とか「そ

うだ、これも伝えよう」とかを思い出してきました。それを自分のレジュメにメモしておくだけで、気持ちが楽になります。しゃべりに自信をつけるのではなく、不測の事態に対応できる引き出しを増やすことが大切なのです。

そもそも、しゃべりに自信がないと言われる方は、受講生を、深く納得させたり感動させたりすることを目指しているのではないでしょうか。極端な話、あなたが、小学校1年生、2年生の前で話すときに、すごく緊張したりしゃべれなくなるかと言えばそうはならないと思います。

「みなさん、こんにちは」と言えるでしょうし、「○○から来た○○です。よろしくお願いします。今日はみんなで●●をします」と言えるはずです。しゃべりに自信がない人は、自分よりも人生経験が少ない入社1年目2年目くらいの若手専門のコンテンツを作って場数を踏むのも方法のひとつです。私のデビュー研修は、人数が100人くらいいた上に、若い方から役員、社長さんまでいる会場でした。今でも、「あぁ、もっとうまくできたのに。もっと努力と準備をすればよかった」という後悔はあります。研修機会というものは一期一会ですから、とにかく後悔がないようにギリギリまで努力をしてください。その努力すらできないようなら企業研修はあきらめましょう。

リピートをいただくにはどうしたらいいの？

講師業で食べていくには、この先も依頼が続いていかなければなりません。「また先生にお願いしたいです。来年も来てください」と言われたら、見通しが一気に明るくなります。

リピートには2つのパターンがあります。それが「定期」と「拡大」です。「定期」とは、「来年のこの時期にまた同じことをやってもらいたい」という階層別や担当別のリピートをいただくことです。そもそも、企業は基本的に階層別は同じ講師にやってもらいたいと思っています。企業の課題や主催者の言いたいことなどを理解している講師の方が、新しい講師よりリスクが少ないと感じるからです。

もうひとつの「拡大」は、他の研修に波及することです。たとえば、ある研修でお邪魔したらものすごく評判がよく、研修担当者が、「この研修は他の階層にも聞かせたいな」とか「この講師の他の研修も聞いてみたいな」といったことを考えてくれるならば、拡大が起こります。

私が懇意にしている企業で、1年目、3年目、新任係長、新任支店長代理、新任次長といった階層に呼ばれていますが、最初はたったひとつの研修から4年かけて拡大をしていきました。

リピートをいただくのに何が必要かというと、

- この講師なら任せて安心、間違いない
- 受講生の要望が多い

●アンケートが抜群によい
●研修担当者と人間関係ができている
●さまざまな応用がきく講師と思われる
●毎年、研修内容がブラッシュアップしている
●研修終了後に受講生の行動が明らかに変わる

というところです。

企業研修アンケートはセミナーアンケートと違って、よほどのことがない限り悪いことは書かれません。たいていは実名で書きますし、上司や担当者が見るとわかって書いているので、比較的好意的な言葉が並びます。それでも、内容がギッシリ書かれているとか、「勉強になりました」などではない、具体的な感想が書かれていれば、担当者は「お、今回のアンケートはいつもと違うな」と判断をします。

テレビに引っ張りだこの東進ハイスクールの林修先生は、「今でしょ」というキャッチコピーで有名になりましたが、テレビ側も林先生ご本人も、よくある一発屋芸人と同じように「3ヶ月くらいでブームも去って終わるだろうな」と考えていたそうです。ところが、ディレクターや放送作家との打ち合わせで、ものすごく博学であることを披露したり、自分から企画に提案などをした結果、「この人の引き出しは広い。いろいろな企画をぶつけても機転がききそうだ」という評価になって仕事が増えていったそうです。研修講師も同じで、あらゆる機会で行われ

る対話を武器に、人事担当者に対して「この講師はいろいろできそうだぞ」と思わせることは大切です。

私も、セールスの研修の中に、上司の指導やキャリア、心理学などを交えているので、「先生、キャリアもできますか?」「上司のセールスコーチングもお願いします」「メンタルヘルスは?」「●年目にもできますか?」「女性営業担当者用にカスタマイズできますか?」などの要望をいただくことが増えてきました。これらのご要望に真摯に答えていけば、必ず同一企業内で研修が広がっていくでしょう。

企業研修ビジネスにはどんな可能性がありますか?

企業研修講師として、この先も生き残っていくためには、自らビジネスを創り出したり、いろいろな人から必要とされていくことを視野に入れなければなりません。では、企業研修講師の経験や実績は、今後どのようなビジネスになっていく可能性があるのでしょうか。

❶ 企業のコンサルティングをする

私は大手企業のコンサルティングもしています。

ビジネスというと、いわゆるB to BやB to Cという、企業対企業、企業対個人の発想が多いのですが、企業研修講師の持つ経験やコンテンツは、「P to B（パーソンtoビジネス）」の可能性を秘めています。今、企業の中では、社員を研修講師にする内製化への動きが出てきています。その際にぶつかる壁が、「研修講師を育てるノウハウがない」、「社内向けの効果的なコンテンツを作れない」ということです。

企業が内製化を進めると、研修講師の仕事がなくなるので、内製化に失敗をした方がよいと考える講師は多いのですが、私ならあえて、内製化をお手伝いする方向に行きます。内製化をするためのコンテンツ作成のコンサルティングや講師養成の講座などをパッケージにして、企業向けに販売をするのです。

これだと単価は高く、講師養成期間は長いので、半年から1年間、長ければ2年や3年、継続的に関わることができます。また最近は、「白戸のコンテンツを内製化のために使わせて欲しい」や、「社員の離職防止プログラムを作れないか？」といった企業からの問い合わせも増えているので、講師個人のスキルを企業に売るという企業コンサルティングの道は十分可能性があります。

❷ 研修を企業の営業ツールにする

私が営業担当者だった時に気がついたのは、研修は売上げを上げるツールになり得るということでした。たとえば銀行員であれば、今現場で起きている金利競争という課題があります。

融資を獲得するために、他行より0・1％でも安い金利を提供することに血道をあげているのです。しかし、そのようなビジネスモデルでは、この先の成長は見込めません。金利を他の銀行より安くする代わりに、企業が喜ぶ付加価値を提供するのです。高額の研修を企画できない中小・零細企業に、研修スキルを持った銀行員がコミュニケーション研修などの社員教育を行なうのです。企業も、年間の研修教育費用を考えれば、金利の上乗せをしても十分にペイできるという試算が出れば交渉材料になります。

また、ＡＩ時代に銀行員が余るという心配が出ていますが、地元企業や学校に教育という貢献ができる人材を抱える銀行は支持を集めるでしょう。一部の生命保険会社はすでに、研修をサービス商品として位置づけて代理店に入り込み、保険商品の販売をしてもらうという戦略をとっています。金融機関業全般に言えることですが、低金利下にあえぐ中では、社員一人一人がどれだけ取引先に付加価値を提供できるか、というところは大きな鍵になってくると思います。

また、一般企業であっても、自社の営業担当者がお客様を集めてセミナーを開くことで販売促進ができれば、社員に研修技術を身につけるお手伝いをすることが、そのまま研修講師のビジネスになっていくと思います。

❸ 研修講師を養成する

セミナー業界では当たり前になってきた手法で、〝バックエンド販売〟と言われている方法です。半年間や1年間の長期間の講座をパッケージ化して認定資格を販売したり、何かのスキルを体系的に身に付けるということを、企業研修講師もしてみてはどうかと思うのです。

本書でも述べたように、これから企業研修講師になりたい方は大勢いて、さらにコンテンツが作れない、研修を回していく技術を身につけたいという需要はありますから、自分が積み上げてきた企業研修講師のノウハウやコンテンツ、独立起業のコンサルティングなどをトレーニング付きでパッケージ化し、講師希望者に販売するというビジネスは成り立つと思います。

私も、コンテンツがない時代に講師養成講座に通いましたが、決して安くない金額にもかかわらず、かなりの人数が学びに来ていました。企業研修講師も、セミナー講師ビジネスを参考にしてみてはいかがでしょうか。

❹ 動画コンテンツを作る

これから、YouTube やEラーニング、DVD、オンライン、衛星授業等がさらに増えていくと思われるので、企業研修講師といえども、これらを活用しない手はありません。特に活用いただきたいのが YouTube です。YouTube に2分～3分の動画のコンテンツを継続的に投稿しましょう。それも、自分のコンテンツの中でも特に自信があるところやメソッドやノウハウを開示している動画の閲覧数は高いようです。目的は、閲覧数を稼いで広告収入を得るのではなく、情報発信をして、エージェントや企業に見つけていただいたり、フォロワーをたくさん作ることができる講師であることをアピールするのです。

私も、現在はセミナーも研修もやり、コミュニティを作り、YouTube に動画を投稿し、人に影響を与えることができる、人に必要とされる道を追求しています。現代は講師の未来にとって、明るい材料ばかりではありませんが、ぜひこれからの時代を楽しみながら、変化に応じて自分のやっていることを増やして進んでいっていただきたいと思います。

あなたは7章を読んでどんな学びがありましたか？

7章の学び

研修講師として生き残る道とは何か？を考え続けよう

あとがき

あなたの貴重なお時間を使っていただき、最後までお読みいただいたことに感謝申し上げます。

おそらく、諸先輩方の中には、「白戸が超人気講師⁉　笑わせるな」とお怒りの方もいらっしゃるかと思います。しかし、私はこう思うのです。時代や科学技術の発展とともに変わっていく職場環境や働き方、現場の課題、人の価値観、対人関係などについて、これまで以上に正解のない時代を生きなければならない世の中では、人気講師の定義も変わっていくのだろうな、と。

昔なら、年間200～300回の研修をやっている人を超人気講師と呼んだものです。しかし、それだけの数をこなしながら、内容が何十年も変わらない講師、受講生に名前すら覚えてもらえない講師、本の一冊も出していない講師、研修をこなすだけで情熱がなくなっている講師、態度が横柄で、受講生を従わせようとする講師などをたくさん見てきました。

企業側が、オフラインの研修に対して厳しい選別の目を向けはじめ、本当に自企業に必要な講師を求めはじめた昨今、むしろ年間300回も研修をやっている講師は、忙しすぎてコンテンツを増やしたり自分の研修をブラッシュアップする時間など取れないと思います。変化に対応できない講師が、今後も人気講師であり続けることは難しいと思います。

これからの人気講師とは、受講生のリアルな課題に対してライブで対応することで、主体性や学びに対する好奇心を高め、記憶に残り、行動変容を起こすきっかけをつくるために最大限の努力を払える講師なのだと思います。面白い研修をするのではなく、学ぶことや成長することそれ自体が、楽しいということを気がつかせることができる講師は、必ず企業とともに歩んでいけると信じています。

「すべては受講生のために」

この姿勢を、私も忘れずに変化を続けていきたいと思います。

生意気なことを書いてしまいましたが、まがりなりにも私が研修業界の末席を汚すことができているのも、研修という仕事や市場を創り出してくれた先人たちの苦労があればこそだと思っています。この仕事は好きだから、自分に向いているから、自分に実力があるからできている、と思ってはいけないということも肝に銘じています。

「雪というものは、先に降った雪が地面を十分に冷やすからこそ、次に降った雪が溶けずに積もることができるんだ。先に生まれた人間は、次に降る雪のために地面を冷やすことが役目なんだよ」

これは、私が尊敬する講師がおっしゃっていた言葉です。

研修に限らず、われわれが使わせてもらっている技術、スキル、考え方、言葉は、すべて先人の誰かが遺してくれたものを使っていることを忘れずに、その感謝とともに次の世代につないで役立ててもらうことこそが教育者の使命であるということを、その方は教えてくれました。

会社員を20年やっただけの、特段強みがないと思っていた私ですが、たまたま社内で受けた研修がきっかけでさまざまなご縁ができて、講師という一生の仕事に従事できることになったのは、僥倖と言うほかありません。探究心が満たされ、自分が出したアイディアが形になり、それによって少しでも役立てる、喜んでくれる人がいる講師という仕事は、本当にやりがいのある仕事です。

東京大学薬学部教授で、脳研究、とくに記憶の研究では日本トップクラスの池谷裕二教授の著作である、『パパは脳研究者』（クレヨンハウス）の中に、「人生を決めるのは記憶の質である」ということが書いてありました。詳細は省きますが、「過去の記憶は未来の行動のために蓄えられるものであり、これまでに蓄積された記憶が良いものであれば、将来にわたって良い人生を作っていける可能性が高い」という主旨のことが書いてありました。カリフォルニア大学アーバイン校の発表によれば、２００７年生まれの子供の平均寿命の中央値は何と１０７歳だそうです。今の小学生はみんな、22世紀を見ることができるかもしれないと考えれば、子供たちに可能な限りよい経験や教育を積ませることが大人の責任である、と池谷教授は言います。

私も、一人の大人として今この瞬間にも企業で奮闘されている若い世代や管理職に、引いては22世紀を生きるであろう次世代にどんな「記憶」を残してあげられるだろうかと考えながら、これからも研修講師という仕事を通じて自身の生き方を見せ、受講生にエールを送る活動を続けていきたいと思います。

本書を出版するにあたっては、研修エージェントの皆様、研修でお邪魔している企業の研修担当者の皆様、研修講師の先輩達に貴重なご意見をいただくことができました。私の写真を撮って下さった善福克枝さんありがとうございました。そして、同文舘出版編集部長古市達彦氏のご英断と温かいアドバイスにより、最後まで書き上げることができましたことを心より感謝申し上げます。

皆様に、本研修の締めくくりとして最後の質問をします。
「本書を読んでどんな学びがありましたか？　そしてどんなことから始めますか？」

株式会社ウィンケスト
白戸三四郎

２０１９年６月

〈**参考文献**〉

パパは脳研究者（クレヨンハウス）　池谷裕二
人前で話す・教える技術（生産性出版）　寺沢俊哉
プロ講師になる方法（ＰＨＰ）　安宅仁・石田一廣
研修開発入門「研修転移」の理論と実践（ダイアモンド社）　中原淳　他
セミナー講師の教科書（かんき出版）　立石剛
講師・インストラクターハンドブック（日本能率協会マネジメントセンター）　中村文子・ボブ・パイク
研修・セミナー講師が企業・研修会社から選ばれる力（同文舘出版）　原佳弘
研修講師養成講座（中央経済社）　真田茂人
コリン・ローズの加速学習法実践テキスト（ダイヤモンド社）　コリン・ローズ

著者略歴

白戸三四郎（しらと さんしろう）

ビジネスメンタリスト® 株式会社ウィンケスト代表取締役
大手生命保険会社で会社員を20年間務め、2013年に独立起業。
現在は全国の金融機関において営業・マネジメント・モチベーションなどの研修を年間120講演以上行い、これまでの受講人数はのべ28000人を超える、心理的コミュニケーション指導の専門家。日本メンタルヘルス協会ゲスト講師。
相手の心を読み、行動を支配するエンターテイメントとしてのメンタリズムパフォーマンスとセミナーを融合させた講座を行う、日本初のビジネスメンタリスト®として、全国で講演、セミナー、ショーを行う他、スプーン曲げを1日でマスターする講座やビジネスメンタリスト養成講座、出版コンサル、研修講師養成講座など、ビジネスマンに武器としてのメンタリズムと講師スキルを普及させる活動も積極的に行っている。
主な著書に『ビジネスメンタリズム―ライバルのいない道を歩く技術』（経法ビジネス出版）『改訂版 銀行員のための〝売れるセールスコミュニケーション〟入門』（同文舘出版）などがある。
公式HP http://www.winquest.jp/
YouTubeチャンネル
https://www.youtube.com/channel/UCLV8ElfhrAv0v3QXLK9pWqA

誰も教えてくれなかった 超人気研修講師になる法

2019年7月23日 初版発行

著 者 ―― 白戸三四郎

発行者 ―― 中島治久

発行所 ―― 同文舘出版株式会社

東京都千代田区神田神保町1-41 〒101-0051
電話 営業03（3294）1801 編集03（3294）1802
振替 00100-8-42935
http://www.dobunkan.co.jp/

ISBN978-4-495-54033-3

印刷／製本：萩原印刷

Printed in Japan 2019